创新创业教育与高校思政教育的融合研究

潘子松　著

北京工业大学出版社

图书在版编目（CIP）数据

创新创业教育与高校思政教育的融合研究 / 潘子松
著 . — 北京 ： 北京工业大学出版社，2020.6（2022.1 重印）
ISBN 978-7-5639-7500-6

Ⅰ . ①创… Ⅱ . ①潘… Ⅲ . ①高等学校－创造教育－
关系－思想政治教育－研究－中国 Ⅳ . ① G640 ② G641

中国版本图书馆 CIP 数据核字（2020）第 122532 号

创新创业教育与高校思政教育的融合研究

CHUANGXIN CHUANGYE JIAOYU YU GAOXIAO SIZHENG JIAOYU DE RONGHE YANJIU

著　　者：潘子松
责任编辑：邓梅菡
封面设计：点墨轩阁
出版发行：北京工业大学出版社
　　　　　　（北京市朝阳区平乐园 100 号　邮编：100124）
　　　　　　010-67391722（传真）　bgdcbs@sina.com
经销单位：全国各地新华书店
承印单位：三河市明华印务有限公司
开　　本：710 毫米 ×1000 毫米　1/16
印　　张：13
字　　数：260 千字
版　　次：2020 年 6 月第 1 版
印　　次：2022 年 1 月第 2 次印刷
标准书号：ISBN 978-7-5639-7500-6
定　　价：58.00 元

前　言

　　大力推进高校创新创业教育，既是经济发展的必然要求，亦是所有高校应该承担的社会责任。思想政治教育与创新创业教育是新时期高等教育深化改革、创新发展的重要组成部分，两者在目标、内容、方法、功能等方面相辅相成，在各自的理论研究和实践探索中均取得了诸多进展，但也面临着各自的发展问题，任何一方的单独发展都存在自身难以克服的障碍。

　　当前思想政治教育所面临的政治、经济、文化环境发生了巨大变化，然而思想政治教育本身没有跟上时代的发展，存在严重滞后的问题。这些问题主要体现在以下几方面：思想政治教育目标理念上的泛政治化、泛理想化、庸俗化；内容上理想信念淡化、民族精神教育被忽视、道德规范教育缺失、素质教育滞后；方法途径上，重理论轻实践、重笼统传授轻个体差异、重单一教育轻全面育人、重继承守旧轻发展创新。

　　本书以"创新创业教育与高校思政教育的融合研究"为主题，主要包括大学生理想信念教育研究、大学生创新创业教育理论综合认知、大学生职业生涯规划教育与创业教育以及思想政治教育与创新创业教育融合路径研究等内容。

　　本书具有以下几方面的特色：一是整体性，二是科学性；三是趣味性。作者对思想政治教育视域下大学生创新创业教育进行了多角度的探讨和解读，从多个方面进行了阐述，便于读者更好地理解和阅读。

　　笔者在写作过程中参考和借鉴了国内外学者的相关理论和研究成果，在此深表谢意。由于时间紧迫，书中难免有不足之处，肯请广大读者提出宝贵意见。

目　录

第一章 高校思想政治教育的基础理论

第一节 高校思想政治教育的内涵及特征

一、高校思想政治教育的内涵

高校思想政治教育是指高校按照一定的社会要求，对大学生实施有目的、有计划、有组织的思想品德、政治素质和心理素质教育，把大学生培养成中国特色社会主义事业的合格建设者和接班人的一种实践活动。高校思想政治教育是高校意识形态工作的主渠道和主阵地。在当代中国，坚持马克思主义指导思想，关键是要坚持以马克思主义中国化最新理论成果为指导，引导青年学生不断增强道路自信、理论自信、制度自信、文化自信，把实现中华民族伟大复兴中国梦的满腔热情转化为刻苦学习、努力工作、报效祖国的实际行动。高校思想政治教育是我国高等教育的一个重要组成部分并且具有鲜明的中国特色，其内容是系统的而不是零散的，具有严密的科学体系。它既包括思想教育、政治教育这样的主导型教育，也包括道德教育、心理教育、法纪教育等基础性教育。

高校思想政治教育是一种实践活动。在高校思想政治教育活动中，大学生作为思想政治教育的主体和客体，实现了双重身份的统一，"思政课"则成为高校思想政治教育的工具，以实现把大学生培养成社会主义伟大事业的合格建设者和接班人为目标。坚持马克思主义在各项教学内容中的主导地位，保持思想政治教育的社会主义方向，用中国特色社会主义理论体系武装大学生的头脑，使大学生树立中国特色社会主义的共同理想，树立正确的世界观、人生观、价值观，促进大学生的全面发展，着力增强大学生的社会责任感、创新能力和实践能力。由此看来，大学生思想政治教育既是一个思想道德问题，也是一个政治问题。

如今，我们应清楚地看到，大学生的思想政治状况主流还是积极向上的，但我们也应清醒地认识到，随着经济全球化进程的日益加深，西方各种文化思潮和价值观念冲击着大学生的思想，腐蚀着大学生的心灵。现在的一些大学生在不同程度上存在着政治信仰迷茫、理想信念模糊、价值观念扭曲、诚信意识淡薄、社会责任感缺乏等的问题。为完成社会主义现代化建设的目标，实现中华民族的伟大复兴，确保中国在激烈的国际竞争中处于不败之地，我们就要加强对大学生的思想政治教育，这样才能培养出高素质的人才，使他们为社会做出应有的贡献。

二、高校思想政治教育的特征

研究和把握当代大学生思想政治教育的特征，是对大学生思想政治教育内涵的补充，也是搞好大学生思想政治教育的关键。接下来从以下几个方面进行深入分析和总结。

（一）政治性——明确政治方向

"政治性"表现在哪些方面？每一个国家、每一个社会都有自己占统治地位的思想。统治阶级总是利用各种手段来维护自己在思想上的统治地位。思想政治教育作为阶级统治的工具，具有鲜明的阶级性。马克思指出：统治阶级的思想在每一时代都是占统治地位的思想。这就是说，一个阶级是社会上占统治地位的物质力量，同时也是社会上占统治地位的精神力量。

作为社会主义国家，我国思想政治教育的政治性表现在三个方面。

①思想政治工作的出发点和落脚点是实现好、维护好、发展好最广大人民的根本利益，尤其是广大工人、农民阶级的利益。

②反映、巩固社会主义制度。思想政治教育是使我国改革开放和现代化建设沿着巩固社会主义制度的方向发展、防止其迷失方向的保证，要使我国社会主义制度得以巩固和发展，就要深刻认识和把握中国特色社会主义制度的本质和特征，坚持党的领导、人民当家作主和依法治国的有机统一，大力促进经济、政治、文化、社会、生态等各方面制度的创新、发展和完善。③宣传党的纲领、路线、方针和政策，维护民主集中制和党的纪律，坚持思想建党和制度治党相结合：思想教育要突出重点，加强党性和道德教育，引导党员、干部坚定理想信念，坚守共产党人的精神追求。党员、干部必须认真学习马克思列宁主义、

毛泽东思想特别是中国特色社会主义理论，自觉用贯穿其中的立场、观点、方法去武装头脑、指导实践、推动工作，始终不渝为中国特色社会主义共同理想而奋斗。

习近平总书记在全国高校思想政治工作会议上强调，意识形态工作是党的一项极端重要的工作，而思想政治教育是意识形态工作的一个方面，大学生是人民群众中最具生命力和创造力的一个群体，高校要把思想政治教育工作摆在更加突出和重要的位置，始终坚持马克思主义的指导地位，夯实实现"中国梦"的思想基础。在对其进行思想政治教育的过程中更应明确其鲜明的政治性，坚持正确的政治方向，运用马克思主义的立场、观点和方法分析和解决问题，坚定共产主义信仰，牢固树立中国特色社会主义道路自信、理论自信、制度自信和文化自信。

（二）时代性——跟紧时代的步伐，与时俱进

思想政治教育的时代性要求我们把握时代脉搏，与时俱进，不断推进思想政治教育的理论创新。保证思政教育内容与时代发展要求相一致成为思想政治教育工作者一直面临的问题。在不同时代，思想政治教育的目标、内容和方法是不同的。恩格斯在《自然辩证法》中指出："每一个时代的理论思维，从而我们时代的理论思维，都是一种历史的产物，它在不同的时代具有完全不同的形式，同时具有完全不同的内容。"（《马克思恩格斯选集》，第四卷，第284页）思想政治教育的时代性要求思想政治教育工作者要在关注时代发展的基础上，根据不同形势下的经济社会发展状况，对思想政治教育理论进行创新和发展，使思想政治教育实践与理论保持一致。社会在发展过程中必将出现新的特征，思想政治教育工作者要紧跟时代发展的潮流，体现时代特点，不断地对思想政治教育理论进行创新和发展，使思想政治教育时代性体现在理论和实践的过程中。

高校思想政治教育要紧跟时代步伐和社会发展的节奏，不能滞后和倒退，要有鲜明的时代特征。这一特征主要体现在对当前党的路线、方针、政策等以及这些内容的理论来源和现实依据的及时更新上。因此，我国的思想政治理论教育内容必然包括马克思列宁主义、毛泽东思想和中国特色社会主义理论体系、社会主义核心价值观等内容。而这些内容要与当今的理论发展保持一致，这对大学生理解理想信念教育、爱国主义教育、人生观教育、道德理论教育、生态文明教育等具有现实意义。思想政治教育只有融入时代的理论内容，理论教育才更具生命力，才更容易被大学生所掌握。时代性特征体现在高校思想政治教

育内容中，就是要做到理论联系实际，让大学生掌握先进、正确的理论知识，从而更好地指导实践活动，处理好实践中的热点与难点问题，这样的思想政治教育更具说服力。

（三）实效性——切实做到以学生为本

高校思想政治教育的实效性特征要求，高校按照大学生思想政治教育目标和教育内容的要求，结合大学生思想政治教育的特点，发挥大学生思想政治教育功能，对大学生开展思想政治教育活动，提升思想政治教育结果（即大学生思想政治素质、道德品质和心理素质）与思想政治教育结合程度的实践过程，使大学生思想政治教育的各项任务落到实处，真正做到以学生为本，把以学生为本的思想贯穿于高校思想政治教育工作的始终，秉持一切为了大学生全面发展和健康成长的理念，从大学生的个性成长和实际需求出发，有针对性地做好大学生思想政治教育工作。

1. 要转变观念，树立以学生为主体的理念

高校思想政治教育的根本目的就是促进大学生的成长成才，因此必须确立以学生为中心的思想，充分尊重学生的主体地位和个性特征：应当摒弃过去那种忽视学生个体差异的说教式、灌输式思想政治教育的方法。要在贴近学生实际、深入了解学生各方面情况的基础上，找准教育引导的切入点和着力点，从大学生的个性发展和实际需求出发，有针对性地做好大学生的思想政治工作。

2. 要把大学生内在的积极性和主动性调动起来

高校思想政治教育工作就是将作用于大学生身上的外部压力转化为大学生的内部压力，而这种转化的实现不能仅仅依靠教育者的努力，更需要依靠学生的自我感悟和自我教育。所以按照教育与自我教育相结合的原则，高校思想政治教育工作的各项措施都要符合当代青年学生的心理需要，体现以学生全面发展为本，在发挥好学校教育引导作用的同时，培养学生积极主动的人生态度，实现学生自我学习、自我教育、自我提高的目的，促进学生的全面发展。

3. 高校思想政治教育要满怀关爱与责任

高校思想政治教育要为大学生的成长成才服务，且坚持把解决学生的思想问题和其他实际问题结合起来。高校思想政治教育既要教育人、引导人，又要关心人、帮助人。对学生倾注更多的关爱和支持，多些理解和尊重，积极解决

学生面临的各种实际问题。要切实树立一切为了学生、为了一切学生、为了学生的一切的意识，做到急学生之所急、办学生之所盼。

4. 根据不同层次学生的实际情况，建立分层递进的思想政治教育目标

学生在面对没有层次性的、过高的目标要求时，很容易出现思想混乱的现象。因此，高校思想政治教育需分层次、有步骤地引导学生从低级向高级，脚踏实地地从基本的道德要求向较高的道德追求迈进：在大学的整个教育环节，专科一年级到三年级，本科一年级到四年级，每个年级都应该有教育重点。对刚入学的新生，学校组织的教育重点应该是遵章守纪和怎样读好书。教育学生遵守学校的各种规章制度，遵守国家的法律、法令，以此约束自己的学习、思想和生活，在学习进步的同时，也要逐步学会做人做事。对大二学生来说，学校教育的重点应是促使每一位青年学生集中精力学好每一门课程，无论是公共课、专业课还是选修课，都要求每一个学生认真学、不分心、不偏科，正确处理好读书与积极参加社会活动的关系，正确处理好读书与谈恋爱的关系，正确处理好读书与生活中遇到的问题的关系。对大三、大四的学生来说，学校教育的重点在于鼓励每一个学生在搞好学习的同时，对其进行就业教育；引导学生树立正确的就业观，处理好就业、择业、创业之间的关系，积极倡导学生先就业、后择业、再创业。在整个大学阶段，除了每学年对他们进行侧重教育外，理想信念教育及世界观、人生观、价值观的教育应贯穿于高校各个阶段教育的始终。

5. 努力把思想政治教育做到大学生的心里去，要贴近实际、贴近生活、贴近学生

第一，切实提高思想政治教育的吸引力和感染力，而不是空喊口号，应当进一步改进思想政治理论课的教学方法，采取灵活多样的政治理论学习方式，有效地发挥思想政治理论课的主渠道作用。第二，要将教师的言传口授与学生的能动思考有机结合起来，教学内容要贴近大学生的思想特点和思维习惯，让大学生从乐闻到信服。第三，要注重把积极的思想政治教育工作理念贯穿于各项主题活动中，通过一系列创新性校园与社会实践活动，使学生在实际参与中实现自我提升。第四，要把以学生为本与以教学为中心的理念统一起来，把注意力放在提高教学质量上，真正把以学生为本的教育理念落实到日常教学中，加强学风建设，提高教学质量；落实到大力加强德育工作、推进素质教育上来，从而切实提高高校思想政治教育工作的影响力和实效性。

（四）针对性——提倡现实和个性

新时期高校思想政治教育面临的一个重要课题，就是探索在复杂的社会环境中，如何引导大学生学会分辨、学会选择、健康成长，这就要求思想政治教育要具有针对性。对于不同的学生群体应进行分类教育，绝不搞一刀切，而是在教育载体、教育内容和教育层次上有所区分和侧重，开展差异化、多样化的思想政治教育，其最终目的是帮助学生形成正确的立场和观点，掌握正确的方法，认清哪些是先进的、代表社会前进方向和人民根本利益的文化，哪些是陈腐的、有害的、即将衰败的文化，哪些是对社会主义制度和广大人民的利益以及对个人的成长成才有害的内容。此外，要帮助学生透过社会现象来看事物的本质，认识社会主义的强大生命力，把握社会主义社会的主流价值观，一旦学生有了辨真伪、明是非的能力，他们就不会惧怕复杂的社会环境，就能在复杂的社会环境中健康成长。

对于大学生来讲，除了要学习书本知识外，还应该积极参加校内各种活动和社会实践活动，参观革命纪念馆，增强对中国特色社会主义的道路自信、理论自信、制度自信、文化自信；要通过理论与实践的不断结合，逐渐丰富自己的知识，为走上社会打牢基础。对于高校来讲，要针对大学生心理和身心成长的要求，在注重课堂教学的同时，组织好各种讲座活动，并邀请专家、学者深入讲授广大学生普遍关心的问题，拓宽学生的知识面。在课堂之外，学校的相关部门应多组织一些能提起学生兴趣的课外活动，使学生参与其中并培养团队精神，让学生充分发挥自己的价值。对于家长和社会来说，则要支持学校组织的对学生开展的各种教育活动，把对学生的要求同学校的各种教育很好地联系起来，不另搞一套，也不放任不管，更不能向学生灌输不健康的思想文化和违反社会道德规范的行为准则。学校、家长、社会应相互配合，通过校内外各种有针对性的思想政治教育活动，使广大青年学生走好他们成长中的每一步。

（五）科学性——根本方向和出路

1. 指导思想要科学

高校思想政治教育要坚持以马克思列宁主义、毛泽东思想、中国特色社会主义理论为指导，深入贯彻党的十八大以来的精神，全面落实党的教育方针，紧密结合"四个全面"战略布局的实际，以理想信念教育为核心，以爱国主义教育为重点，以思想道德建设为基础，以大学生全面发展为目标，解放思想、实事求是、与时俱进、求真务实，坚持以人为本，贴近实际、贴近生活、贴近学生。

2. 内容要科学

内容的科学性体现在理论要彻底。马克思说过，理论只要彻底，就能说服人，而理论一经群众掌握，就能变为不可遏制的巨大物质力量。高校思想政治理论课是使青年学生树立正确的世界观、人生观、价值观的重要途径。但在现实生活中，正确的认识过程往往是很曲折的，需要在同一切谬误做斗争的过程中得以实现。思想政治教育工作者既要注重引导大学生形成正确的"三观"，也要注意引导他们辨别各种错误思潮，与其划清界限。马克思主义理论是高校思想政治理论教育的主要内容，是被实践证明了的科学理论。一方面，必须始终坚持马克思主义理论教育，随着当代马克思主义中国化成果的不断丰富和创新，高校思想政治理论教育的内容也必须随着实践的发展而不断完善，坚定大学生树立正确"三观"的信心；另一方面，面对国际国内的各种消极因素和错误思潮，必须用马克思主义的立场、观点和方法，通过科学的研究和分析，做出正确的回答和有说服力的辩驳。对一些受到不良思想影响的大学生，则应通过摆事实、讲道理的方法，引导他们追求真理，并使之成为青年学生内在的心理需求和自发的行动。

3. 方法要科学

时代在发展，应准确把握思想政治教育的规律性，增强其实效性。高校思想政治教育是在特定的环境下，在特定的群体中进行的，不同学校在培养目标、专业方向设置上是有很大的差异的。同一专业中不同年级又各有不同的特点，同一年级的不同对象的思想品德状况又不尽相同。因此，在对思想政治教育方法进行选择的过程中要充分考虑到这些特殊的情况。当然，从一般意义上来说，不管选择哪种教育方法，思想教育的目标都是通过群体教育和个体教育、直接教育和间接教育的形式来实现的。因此，不论最后采取什么方法都应该从高校及学生的实际出发，增强教育效果，有针对性地进行取舍。只有这样，高校思想政治教育才会事半功倍。

第二节 高校思想政治教育的目标

一、以理想信念教育为核心

深入进行正确的世界观、人生观、价值观教育，使大学生明白党和人民对当代大学生抱有的希望，使大学生投入社会主义现代化建设中，为中华民族的伟大复兴而努力奋斗，青春只有在为祖国和人民的真诚奉献中才能更加绚丽多彩，人生只有融入国家和民族的伟大事业中才能闪闪发光。

二、以爱国主义教育为重点

引导大学生增强民族自尊心、自信心、自豪感，做到以热爱祖国、贡献全部力量、建设社会主义祖国为最大光荣，以损害社会主义祖国利益、尊严和荣誉为最大耻辱。

三、以基本道德规范教育为基础

深入进行公民道德教育，引导大学生自觉遵守爱国守法、明礼诚信、团结友善、勤俭自强、敬业奉献的基本道德规范，养成良好的道德品质和文明行为。

四、以大学生全面发展为目标

深入进行素质教育，促进大学生思想道德素质、科学文化素质和健康素质的协调发展。执行课程新方案，加强和改进思想政治理论课的指导工作，坚持以马克思列宁主义、毛泽东思想和中国特色社会主义理论为指导，贯彻党的教育方针、解放思想、实事求是、与时俱进，帮助大学生树立正确的世界观、人生观、价值观，深入开展马克思主义立场、观点、方法教育，开展党的基本理论、基本路线、基本纲领和基本经验教育，开展中国革命、建设和改革开放的历史教育，开展基本国情和形势与政策教育，不断增强高等学校思想政治理论课教育教学的针对性、实效性和说服力、感染力。

习近平总书记在全国高校思想政治工作会议上强调。"我国高等教育肩负着培养德智体美全面发展的社会主义事业建设者和接班人的重大任务，必须坚持正确政治方向：必须坚持以马克思主义为指导，全面贯彻党的教育方针。要坚持不懈传播马克思主义科学理论，抓好马克思主义理论教育，为学生一生成长奠定科学的思想基础。要坚持不懈培育和弘扬社会主义核心价值观，引导广大师生做社会主义核心价值观的坚定信仰者、积极传播者、模范践行者。要坚持不懈促进高校和谐稳定，培育理性平和的健康心态，加强人文关怀和心理疏导，把高校建设成为安定团结的模范之地。要坚持不懈培育优良校风和学风，使高校发展做到治理有方、管理到位、风清气正。"

通过研究我国不同历史时期思想政治教育的目标，笔者认为我国高校教育的总体目标如下：教育学生热爱社会主义祖国、拥护党的领导和党的基本路线，使其确立献身于中国特色社会主义事业的政治立场，形成正确的政治观；引导大学生努力学习马克思主义理论，逐步树立科学的世界观、人生观、价值观；教育大学生要努力为人民服务，具有艰苦奋斗精神和强烈的使命感和责任感；促使大学生遵纪守法，使其形成良好的道德品质和健康的心理素质，勤奋学习，勇于探索，努力掌握现代科学文化知识，使之成为具有高尚人格、高素质的人才。一句话，要把大学生培养成为中国特色社会主义事业的合格建设者和可靠接班人。我国大学思想政治教育目标体系具体包括以下五个方面的要求。

在思想素质目标上，坚持学习马列主义、毛泽东思想、中国特色社会主义理论，树立辩证唯物主义的世界观、历史观，逐步学会运用马克思主义的立场、观点和方法分析现实生活中的政治、经济、文化和道德现象，坚定中国特色社会主义共同理想，树立以社会主义、集体主义为核心的人生观和价值观。努力为人民服务，发扬对国家、人民的奉献精神和勇于自我牺牲的精神，顾全大局，正确处理国家、集体、个人的关系，反对拜金主义、享乐主义和利己主义。

在道德素质目标上，热爱集体，关心集体，以集体利益为主，依靠集体力量获得成功；明礼诚信，勤俭自强，文明消费，在生活和学习中吃苦在前，享乐在后；积极进取，以勤奋乐观的态度对待生活，对人生、事业、未来充满信心；实事求是，在现实中注重内在的真实性、客观性、有效性，反对片面的表面形式；团结友善，敬业奉献，认真对待工作、学习和生活，勇于接受各种批评意见，努力培养自己高尚的情操和完美的人格。

在政治素质目标上，了解中国的历史和国情，继承和发扬中华民族优秀文化传统和中国共产党领导下的革命斗争传统；具有强烈的民族自尊心和自信心，自觉维护祖国的利益、荣誉、独立统一和各民族的大团结；具有忠于祖国、献身人民的自觉性和责任感，做一个忠诚的爱国主义者；确立建设中国特色社会主义的共同理想，拥护党的领导，理解和坚持党的基本路线、方针、政策。

在法纪素质目标上，树立社会主义民主法治观念；自觉地学习和遵守宪法和法律，正确行使法律赋予的民主权利，自觉履行法律所规定的义务；培养大学生的民主意识和能力，让其自己管理自己，在面对问题时能做出独立的判断，减少从众心理，勇于承担困难和挫折；遵守社会公德和校规校纪，维护集体荣誉，维护学校秩序，维护国家安定团结的政治局面，大学生更应该懂法、守法，成为法治的崇尚者、遵守者、捍卫者，学会运用法律手段来解决生活中的纠纷和矛盾，用自己的实际行动推进依法治国的进程，让法治成为一种信仰，让思想转变为行动。

在心理素质目标上，大学生应具备良好的个性心理品质和自尊、自爱、自律、自强的优良品格，具有较强的心理调适能力和较高的个人修养。面对今后的困难、挫折，应当充满自信，保持良好心态。

第三节 高校思想政治教育的内容

一、思想教育

我国大学生的思想教育应包括以下内容：世界观、人生观和价值观教育；集体主义与团队精神教育；学风校风教育；社会主义核心价值观教育；生态文明教育；等等。世界观是人们对世界的基本看法和观点。

我国大学生世界观教育是指无产阶级世界观教育，其根本内容如下：教育学生懂得辩证唯物主义的基本原理，培养他们从实际出发、尊重客观规律、实事求是的精神；使学生懂得实践是认识的源泉，是检验真理的唯一标准；培养他们研究新情况、探索新问题的能力，使其坚持真理，修正错误的思想；教育学生树立唯物辩证法的基本观点，学会全面地、发展地看问题，学会对具体问题进行具体分析，善于分析矛盾和解决矛盾，克服片面地、孤立地、静止地看问题的思想方法；教育学生树立历史唯物主义的观点，使其认识社会发展的必然规律，懂得资本主义社会必然为社会主义社会所代替，社会主义社会最后必然发展为共产主义社会，要使他们认识到人民群众是历史的创造者，树立群众观点和为人民服务的思想；进行科学无神论教育，避免大学生追求不可证伪、虚无缥缈的东西，肃清封建迷信思想。

人生观是世界观的一个重要组成部分，受到世界观的制约。人生观主要是通过人生目的、人生态度和人生价值三个方面体现出来的，我国大学生人生观教育是指共产主义人生观教育。共产主义人生观是无产阶级的科学的人生观，它把人的生命活动历程看作认识和改造客观世界的过程，把消灭资本主义、实现共产主义、为绝大多数人谋利益，看作人生的崇高目的和最大幸福，无产阶级人生观坚持一切从无产阶级和人民群众的整体利益出发，把大公无私、舍己为人、全心全意为人民服务视为人生的根本意义和价值，把实现社会主义和共产主义理想视为人生最高的目标。

价值观是指个人对客观事物（包括人、物、事）及对自己的行为结果的意义、作用、效果和重要性的总体评价，是推动并指引一个人采取决定和行动的原则、标准。它使人的行为带有稳定的倾向性。价值观是人用于区别好坏、分辨是非及其重要性的心理倾向体系。我国大学生价值观教育是指社会主义核心价值观教育。它与社会主义制度相适应，以为人民服务为核心，以集体主义为原则，大力倡导集体主义和对国家、对人民的奉献精神。人生的价值和意义在于对社会所尽的责任和所做的贡献，人生的最大价值和意义在于努力为人民服务，把自己的一切贡献给共产主义事业。高校应注重对当代大学生的集体主义与团队精神教育、学风校风教育。当前大学生应重点学习和践行"富强、民主、文明、和谐，自由、平等、公正、法治，爱国、敬业、诚信、友善"的社会主义核心价值观，树立尊重自然、顺应自然、保护自然的生态文明理念。

二、政治教育

政治教育内容包括马克思主义基本理论教育、中国特色社会主义理论教育、爱国主义教育、党团基本知识教育、形势与政策教育。马克思主义基本理论教育是大学生政治教育最关键、最核心的内容。高校应紧密结合时代发展的要求，帮助学生学习和掌握马克思主义的基本立场、观点和方法，学习和掌握马克思主义中国化的理论成果即毛泽东思想和中国特色社会主义理论。爱国主义教育的目的是使大学生形成对自己国家与民族的认同感，这是每个大学生都应具备的公民意识和品质，大学生应了解中国的基本国情，树立和弘扬以爱国主义为核心的团结统一、爱好和平、勤劳勇敢、自强不息的伟大民族精神。高校应培养共产主义事业新一代的接班人，就应加强党的基本知识、共青团基本知识的教育，切实地对大学生进行形势与政策的教育，使他们了解社会主义建设的伟大成就和困难，使他们认清形势、明确奋斗目标、增强信心，更好地团结在党中央的周围。

三、道德教育

道德教育是关键性教育，关系到如何处理个人与他人、个人与社会、个人与国家、个人与自然的关系。道德教育是社会主义精神文明建设的基础工程，关系到国家的未来。改革开放以来，社会生活各领域都发生了深刻的变化。利益关系出现了变化，文化思想、价值观念呈现多元化的趋势，这些对大学生道德品质的形成产生了很大影响。拜金主义、实用主义、自我本位、个人主义、享乐主义对大学生产生了一定的影响。面对新挑战，我们要加强主旋律教育，更新教育内容，使思政教育收到实效。我国大学生道德教育的主要内容如下：

（一）加强原则和道德规范教育

深入扎实地开展以为人民服务为核心、以集体主义为原则、以诚实守信为重点的社会主义道德建设，引导大学生遵守道德规范，提高大学生的道德素质，使新一代大学生能够在社会生活中自觉用社会主义的道德规范来指导和约束自己的行为。

（二）进行劳动与职业规范教育

使社会主义思想道德体系与社会主义市场经济相适应，与社会主义法律规范相协调，与中华民族传统美德相承接。大学生毕业后会从事一定的社会职业，能否胜任岗位工作，既要看他的专业知识和技能，又要看他对待工作的态度和责任心。有些大学生缺乏对工作的责任感，眼高手低，不愿做具体的工作，缺乏吃苦耐劳的精神。因此，我们应加大对大学生的劳动观念教育和就业指导，使他们树立正确的劳动观念、敬业精神。社会主义市场经济要求社会成员具有科学、民主、团结、自立、竞争、效益、法制、求实等的思想道德观念，它要求社会成员在兼顾个人利益的情况下以国家利益和集体利益为重。高校要培养大学生权利与义务相统一的公民意识，引导他们正确处理好竞争与协作、自主与监督、效益与公平、先富与共富、经济效益与社会效益的关系；要加强社会公德、职业道德、家庭美德、环境道德教育，倡导"爱国守法、明礼诚信、团结友善、勤俭自强、敬业奉献"的基本道德规范，引导人们在遵守基本行为准则的基础上，追求更高的思想道德目标。

四、法纪教育

大学生是社会主义事业的建设者和接班人，他们的法纪观念和公民意识如何，直接关系到我国的社会发展状况和中华民族的崛起。人的观念、意识的形成、发展与巩固要靠教育的内化来实现。我们教育大学生增强自身的法纪观念和公民意识，使之"知法""守法""护法"，并着重加强以下几方面的教育：马克思主义法律观教育；法治思维、法治信仰教育；法律基础知识及守法、用法、护法教育；社会主义民主与集中制教育；纪律与规章制度教育。

五、心理教育

大学生处于一个竞争非常激烈的环境中，其心理发展正处在从幼稚走向成熟的过渡时期，他们的情绪不稳定，易产生心理矛盾，面临着较大压力，及时、正确地化解这些心理矛盾是大学生健康成长的关键，关系到我们能否培养出高素质的社会主义事业的建设者和接班人。心理健康教育的内容包括以下几个方面：基本心理健康知识教育，如心理卫生知识教育、心理疾病预防教育等；心理调适能力培养与训练，如挫折教育等；创新精神和竞争观念教育。在心理健康教育中，要着重对大学生进行创新精神和竞争观念的教育。

第四节　高校思想政治教育的任务

一、"立德树人"的迫切要求及根本

（一）"立德树人"的迫切需要

当前我国的教育方针以"办什么样的教育、怎样办教育"为重点，以"培养什么样的人、如何培养人以及为谁培养人"为核心，是教育事业改革和发展的根本指针，规定了教育工作的总方向，凝聚着党和国家对教育事业的总体要求。

教育是民族振兴和社会进步的基石。"要坚持教育优先发展，全面贯彻党的教育方针，坚持教育为社会主义现代化建设服务、为人民服务，把立德树人作为教育的根本任务，培养德智体美全面发展的社会主义建设者和接班人。"习近平总书记在北京大学师生座谈会上对深化我国高等教育改革提出了明确要求："全国高等院校要走在教育改革前列，紧紧围绕立德树人的根本任务，加快构建充满活力、富有效率、更加开放、有利于学校科学发展的体制机制，当好教育改革排头兵。"要坚持把立德树人作为中心环节，把思想政治工作贯穿于教育教学的全过程，实现全程育人、全方位育人，努力开创我国高等教育事业发展的新局面。由此可见，"立德树人"就是我党新时期教育方针的本质要求。

（二）"立德树人"是社会主义事业发展的根本

中国特色社会主义事业就是在中国共产党领导下，立足基本国情，以经济建设为中心，坚持四项基本原则，坚持改革开放，解放和发展社会生产力，巩固和完善社会主义制度，建设社会主义市场经济、社会主义民主政治、社会主

义先进文化、社会主义和谐社会、社会主义生态文明，建设富强民主文明和谐美丽的社会主义现代化国家。大学坚持"立德树人"，才能培养社会主义建设者，确保大学生从理论与实践的结合上深刻领会中国特色社会主义是党和人民长期实践取得的根本成就，深刻领会中国特色社会主义是由道路、理论体系、制度三位一体构成的，深刻领会建设中国特色社会主义的总依据、总布局、总任务，深刻领会夺取中国特色社会主义新胜利的基本要求，深刻领会确保党始终成为中国特色社会主义事业的领导核心。

二、落实"立德树人"的基本要求

大学生思想政治教育要落实"立德树人"的根本任务，要用好思想政治理论课教学这个主渠道。习近平总书记强调"思想政治理论课要坚持在改进中加强，提升思想政治教育亲和力和针对性，满足学生成长发展需求和期待，其他各门课都要守好一段渠、种好责任田，使各类课程与思想政治理论课同向同行，形成协同效应"。我国高校应有目的、有计划、系统地对大学生进行思想政治教育。各高校不仅专门设置了"马克思主义基本原理概论""毛泽东思想和中国特色社会主义理论体系概论""中国近现代史纲要""思想道德修养与法律基础""形势与政策"五门课程，而且设立了马克思主义理论学科。高校应通过思想政治理论课对大学生进行马克思主义理论和思想政治教育，帮助学生确立正确的政治方向，树立无产阶级的世界观、人生观、价值观，从而提高学生的思想政治觉悟、辨别是非的能力和独立思考的能力，使学生学会运用马克思主义的立场、观点、方法，分析现实生活中的政治、经济、文化道德现象。

加强思想政治理论课建设应做好以下工作。

（一）及时充实、更新教学内容

对党的十八大、十九大提出的新思想、新观点、新论断进行系统梳理和深入解读，从重大意义、基本框架、理论创新等方面把党的十九大精神和习近平总书记关于新时代中国特色社会主义思想纳入教学内容，加快构建中国特色哲学社会科学学科体系和教材体系。

（二）改进教学方法

在认真抓好思想政治教育课和改进各类教育教学课堂教学方法的同时，应着力开展丰富多彩的第二课堂活动；结合时事政治的重大变化，举行讲座、讨论会、报告会、讲演会等，对大学生进行时事政治教育、爱国主义教育。比如：

对英雄模范人物、三好学生标兵事迹进行介绍，带领大学生参观革命纪念地，邀请老干部、知识分子来校做报告等，对学生进行思想教育；开展学术研讨会、科研活动，增长学生的知识，激发他们的兴趣，培养他们不怕困难、勇于探索、追求真理的品质；鼓励和提倡学生参加社会公益活动和其他义务劳动，培养学生爱祖国、爱劳动的优良品德。

（三）鼓励学生参加实践活动

实践活动包括模拟社会实践活动和社会实践活动。模拟社会实践活动是指具有一定教育目标，在以真实情景为原型的人为情境中，学习操作的教育活动形式。模拟社会实践是在学校内开展"模拟法庭""模拟银行""模拟商店"等。学生通过模拟实践活动了解法律常识、学习法律知识、增强法律意识；了解银行的货币存取和商店的商品交换规则，学习理财知识并合理消费，从而形成正确的金钱观、消费观。社会实践活动是指在思想政治教育工作中，依照思想政治教育目标有组织、有计划地引导学生走出校门、深入社会，使其在与工人、农民、知识分子、商人等社会成员的广泛接触中，了解国情、认识社会，使他们亲身体验、自主学习，从而提高思想觉悟、发展个性特长、培养兴趣爱好、锻炼意志品质，树立社会责任感和历史使命感。社会实践活动包括学工、学农、学商的生产劳动；植树种草，帮助孤寡老人、维护公共秩序及交通安全和环境卫生的公益劳动；参观访问、社会调查、社会考察、宣传党的方针政策及政治教育活动以及做家务和参加青年志愿者、学雷锋等社会活动。

（四）大力建设教师队伍

第一，"立德树人"，无疑要立"师德"。习近平总书记强调，高校思想政治教育工作是一项塑造灵魂的工程，教师则是人类灵魂的工程师，承担着神圣使命。①高校教师应紧扣习近平总书记提出的"培养什么样的人，为谁培养人，怎样培养人"的时代课题，勤修师德，形成良好的师风学风，塑造学生的灵魂。②高校思想政治课教师要践行社会主义核心价值观。无论是在课堂还是在课外，都要严谨做人做事，言谈举止都不能违背社会主义核心价值观的要求，真正实现"全方位育人、全过程育人"。③高校思想政治课教师要提高业务能力，善于运用马克思主义的立场、观点和方法解读各种现实问题和社会热点，用足够的理论自信引导学生的思想和认知；并且要密切关注时政新闻，熟悉国家大政方针，紧跟国家发展大势，关注"四个全面"战略布局、五大发展理念、供给侧结构性改革等国家重大举措，引导大学生关心社会、关心国家和民族的未来发展。通过加强师德师风建设，提高教师的师德水平和业务能力，增强他们教书育人的荣誉感和责任感，引导他们以良好的思想政治素质和道德风范教育影响大学生，以高尚的人格魅力和渊博的学识魅力感染、激励大学生；引导广大教师以德立身、以德立学、以德施教。

第二，大学生思想政治教育要落实"立德树人"的根本任务，就必须坚持中国共产党的领导。高校党委要确保高校正确的办学方向，掌握高校思想政治工作主导权，保证高校始终成为培养社会主义事业建设者和接班人的坚强阵地；高校党委应对学校工作进行全面领导，制定正确的办学治校理念，把握高校发展方向，提高党的基层组织思想政治工作能力；高校要加强党员队伍教育管理工作，深入开展"两学一做"学习教育，认真做好在高校优秀青年教师、高校学生中发展党员的工作，使每个师生党员都做到在党爱党、在党言党、在党为党。

各级党委要把高校思想政治工作摆在重要位置，加强领导和指导，形成党委统一领导、各部门、各方面齐抓共管的工作格局。各地党委书记和有关部门党组书记要多到高校走走，多同师生接触，多去高校做报告，回答师生比较关注的理论和现实问题。各级党委要加强同高校知识分子的联系，多关心、多交流、多鼓励，多听他们的意见，真听他们的意见。

第三，积极培育和践行社会主义核心价值观，是大学生思想政治教育"立德树人"根本任务的题中应有之义和必然要求。在当代大学生思想政治教育过程中应注意以下几方面。①要把社会主义核心价值观的内容和要求体现到教育教学、社会实践、文化育人等各环节。落细落小落实求实效，教育引导学生从细处着眼，从点滴做起，不以恶小而为之，不以善小而不为。要加强高校教材和课堂讲坛等阵地管理，使学生抵制各种错误思潮和观点的影响，引导学生明辨是非，澄清模糊认识，不断增强"四个自信"。②应当充分尊重大学生的主体性，充分发挥大学生的主体作用，在深入了解和真正理解大学生的认知特点、个性差异和接受习惯的基础上，把社会主义核心价值观教育与大学生的实际生活紧密结合起来，激发他们自我教育的需要，强化他们的自我教育意识，提高他们自我教育的自觉性。③要弘扬我国古代道德教育中重视自我教育和道德修养的优良传统，努力营造民主、宽松、活跃、积极的思想政治教育氛围，为大学生提供自我教育的空间和平台，让他们掌握自我教育的正确方法，使他们在社会生活实践中积极践行社会主义核心价值观，同时逐步培育当代大学生的核心价值观。

第四，要落实"立德树人"的任务，高校必须坚持"育人为本、德育为先"

的教育理念。①坚持"育人为本"，就是要求高校把人才培养摆在学校工作的中心位置，保证学生在教育过程中的主体地位。"必须围绕学生、关照学生、服务学生，不断提高学生思想水平、政治觉悟、道德品质、文化素养，让学生成为德才兼备、全面发展的人才。"一个真正的人才必须具备良好的道德品质和崇高的道德精神。②坚持"德育为先"，就是要求高校把德育放在一切教育工作的首位，注重德育的先导性和引领性作用，发挥德育的激励作用，发挥道德对于人的知识、才能、业绩的主导性作用。因此，高校思想政治教育不仅要培养大学生的科学文化素质，更要提高大学生的思想道德素质，把"育人为本、德育为先"紧密结合在一起。

第五，大学生思想政治教育与"立德树人"的根本任务要协调发展。大学生思想政治教育不能完全局限于高校，这是一项复杂的工程，需要各方面、各层次、各类型教育协调推进，促进大学生思想政治教育各种信息、资源和成果的整合、融通与交汇。在传承以往好的经验和有益做法的同时，应当注重这几个方面的工作。①大学生思想政治教育工作者应当拓宽视野，利用搭建好的平台，善于学习和借鉴国内外先进的教育思想与成果，吸纳多方观点，为自身发展提供强有力的支撑。②要实现教书育人、管理育人、服务育人的有机统一。教书育人是在讲授科学文化知识过程中进行思想政治教育，管理育人是要寓思想政治教育于管理之中，服务育人则是通过优质服务使学生在此过程中受到良好的思想政治教育和影响。虽然它们在方法和作用上有所区别，但在育人的性质和目标上是一致的，在育人的过程中它们相互促进、相互补充。要加强和改进大学生思想政治教育的效果，就必须使三者统一于大学生思想政治教育过程之中并充分发挥其应有的作用。③使家庭教育、学校教育和社会教育实现良性互动，使各种教育力量互补共融。为此，就必须树立正确的家庭教育观念，重视养成教育，使家庭教育合理化、科学化，务必扣好人生的第一粒纽扣；要立足社区教育，发挥社会教育的优势，探索社会教育的途径；尤其要坚持学校教育在大学生思想政治教育中的主体地位，明确学校是大学生教育工作的主要承担者，教师是大学生教育工作的重要责任人，创新高校教育模式。当代大学生思想政治教育应加强家庭、学校和社会之间的联系与沟通，构建家庭、学校、社会三位一体的完整教育格局，形成学校、家庭、社会紧密配合的教育网络环境，进一步凝聚"立德树人"的强大生命力。

第六，加强大学生思想政治教育，提高大学生综合素质，实现大学生自由全面发展，是以习近平同志为核心的党中央从党和国家事业全局的高度，对加强高校意识形态工作所做的重要战略部署，也是新形势下加强大学生思想政治教育的根本要求。高校要深刻认识加强高校宣传思想工作的重要性和现实紧迫性，坚持党性原则、强化责任担当，全面落实立德树人的根本任务；要办好思想政治理论课，发挥好哲学社会科学的育人功能，加强对高校各类阵地的建设管理，加强教师队伍和思想政治工作队伍建设；要强化问题导向，弘扬改革创新精神，在破解高校思想政治工作短板上取得实质性进展。各级党委要负起把关定向、统筹指导、建设班子的责任，把高校思想政治教育工作纳入党建工作和意识形态工作中，确保高校成为坚持党的领导的坚强阵地；要深刻认识到做好高校思想政治工作的重大意义、目标任务和基本要求，增强做好工作的责任感和使命感；要牢牢把握社会主义的办学方向，坚持以马克思主义为指导，坚持党对高校的领导，增强道路自信、理论自信、制度自信、文化自信，培养中国特色社会主义的合格建设者和可靠接班人。

第二章 大学生理想信念教育

第一节 大学生理想信念教育概述

一、大学生理想信念教育的内涵与作用

（一）大学生理想信念教育的内涵

"理想信念"是一个中国式的概念，具有中国的特色。"理想信念"一词既不等同于"理想"或者"信念"，也不是两个概念的简单叠加，它是人们在社会政治这个最高层面上的坚持和追求，它统领着人在生活、职业、道德等层面上的理想和信念。这里的理想信念是"把一种未来的社会蓝图视为最高价值，高度地信服和敬仰，并以之统摄自己的精神生活，作为自己的精神寄托，矢志不渝、自觉追求的精神状态，它是对于一定社会理想的自觉认同和执着追求，是世界观、人生观和价值观的核心和集中体现"。

在我国思想政治教育的语境下，理想信念具有一元性。胡锦涛同志在讲话中指出："共产主义理想和社会主义信念，是建立在马克思主义揭示的人类社会发展规律的基础之上的，因而是科学的理想信念。"

（二）大学生理想信念教育的作用

马克思主义认为，理想和信念作为人们的世界观、价值观在奋斗目标上的集中体现，是一种能动地作用于人类社会历史进程的重要力量。没有科学理想信念的人生，就像失去了方向和动力的小船，只能随处漂泊，甚至沉没于激流当中。

1.理想信念提供人生前进的动力

理想信念是激励人们向着既定目标奋斗、前进的动力，是人生力量的源泉。一个人有了坚定正确的理想信念，就会以惊人的毅力和不懈的努力，成就事业，创造奇迹。古今中外无数英雄豪杰之所以能在充满困难的条件下最终成就伟业，一个重要的原因就在于他们胸怀崇高的理想，具有锲而不舍、披荆斩棘的精神和魄力。

2.理想信念提高人生的精神境界

物质生活和精神生活有机统一于人的一生中。理想信念作为人的精神生活的核心内容，一方面能使人的精神生活的各个方面统一起来，使人的内心世界成为一个健康有序的系统，保持心灵的充实和安宁，避免内心世界的空虚和迷茫；另一方面，又能够指引人们不断地追求更高的人生目标，提升人的精神境界，塑造人的高尚品格。一个人的理想信念越崇高、越坚定，其精神境界就会越高，人格就会越高尚。

3.理想信念指引人生的奋斗目标

人生是一个在奋斗中实践的过程。要想使自己的生命富有意义，就必须确立积极的奋斗目标，沿着正确的人生道路前进。理想信念对人生起着导向的作用，是人的思想和行为的导向器，理想信念一旦确立，就会给人提供明确的前进目标，使人看到未来的希望和曙光，进而不会迷失人生的方向。

二、大学生理想信念教育的内容和意义

（一）大学生理想信念教育的时代内容

中共中央、国务院《关于进一步加强和改进大学生思想政治教育的意见》明确提出，要让学生"确立在中国共产党领导下走中国特色社会主义道路，实现中华民族伟大复兴的共同理想和坚定信念。同时，要积极引导大学生不断追求更高的目标，使他们中的先进分子树立共产主义的远大理想，确立马克思主义的坚定信念"。因而，现阶段我们倡导的社会主义理想信念主要由四个方面的内容构成：对中国特色社会主义的信念，对中国共产党的信任，对中华民族伟大复兴的信心，对马克思主义和共产主义的信仰。

习近平总书记提出的"中国梦"，承载着全国各族人民实现中华民族伟大复兴的信心，描绘了中国特色社会主义建设的美好蓝图："实现中华民族伟大

复兴的中国梦，就是要实现国家富强、民族振兴、人民幸福。"在社会主义理想信念的追求路径上，习近平同志指出，实现"中国梦"必须走中国道路，增强理论自信、道路自信、制度自信。这些论述都是对新时期社会主义理想信念内容的进一步发展。

（二）加强大学生理想信念教育的现实意义

加强大学生理想信念教育，对于继承和发扬党的优良传统，发挥党的政治优势，加强和改进大学生思想政治教育，引导和促进大学生健康成长与全面发展具有十分重要的意义。

1. 加强理想信念教育是培养大学生健康人格的需要

理想信念在大学生健康成长与全面发展中起着重要的作用。大学生处在人生的一个特殊时期，他们进入了身心发展的高峰期，他们有着强烈的参与意识和好奇心，总是希望参与到社会实践活动中去。但他们对人生的体验和思考并不深刻，还处在生理、心理迅速变化的人生阶段。面对这些变化，大学生能否在人生的大是大非问题上站得稳、立得住，始终保持坚定的立场、执着的追求，把握成长成才的正确方向，是非常重要也是相当困难的事情。除此之外，在当前教育的大背景下，部分大学生对马克思主义理论的学习积极性不高，对树立远大理想信念的兴趣也不高，其直接后果就是他们不能树立正确的理想信念，没有形成健康的人格。而理想信念教育是大学生成长和成才的关键，也是他们在社会实践活动中能否把握正确方向的根本保障。从大学生自身的特点看，加强大学生理想信念教育对于他们形成健康的人格，成为合格的人才，具有非常重要的意义。

2. 加强理想信念教育是使大学生承担历史责任的重要保证

大学生是一个比较特殊的社会群体，他们不仅拥有比较系统的现代科学知识，而且在学校期间已经掌握了某一领域或某一方面的现代专门科学知识，这就预示着他们将会在未来的经济发展中发挥重要的作用。但同时，我们应该明白的是，大学生只有具备了为中华民族振兴而努力奋斗的坚定信念，才能抵制各种诱惑，把自己所学的科学知识用在祖国需要的地方，才能充分发挥自身的才干，使自身的价值得以实现。否则，大学生在社会中发挥的作用将大打折扣。因此，能否引导大学生树立为祖国效力、奉献社会的历史责任感，理想信念教育尤为重要，它是培养社会主义事业合格建设者和可靠接班人的思想保证。因此，上述情况决定了大学生理想信念教育的重要性。

3. 加强大学生理想信念教育是发挥党的政治优势的必然要求

中国共产党历来高度重视大学生理想信念教育，对于大学生的健康成长十分关心。实践证明，一个政党要有战斗力，一个民族要自立，就要使全体成员树立团结意识。因此，高校要加强大学生理想信念教育，引导他们树立社会主义、共产主义的理想信念，脚踏实地去完成各项历史任务，为开创中国特色社会主义事业新局面而努力奋斗，使他们继承和发扬党的优良传统，发挥党的政治优势。

4. 加强理想信念教育是增强大学生应对复杂社会环境能力的精神保障

当代大学生所处的社会环境复杂多变。一方面，世界在多极化与一体化的交织中不断发展，这必然会形成全球范围内的意识形态的冲突，从而也必然对我国的大学生产生一定的冲击。另一方面，当今中国处于"后改革开放时期"，这一阶段机遇与挑战并存，中国社会饱含了转型时期社会所具有的所有特征。这样一来，社会转型给社会生活带来了深刻的变化，使我们能够借鉴当今世界各国包括资本主义发达国家的一切反映现代社会化生产规律的先进经营方式、管理方法，从而能够促进我国社会主义生产力水平的提高和社会经济的迅速发展。但同时一些资本主义的腐朽、消极的东西也随之而来。这些西方腐朽文化的传入无疑会使我们的社会环境变得更加复杂，呈现出多种思想观念并存的局面。

因此，如果放松对大学生的思想政治教育，各种非马克思主义、甚至反马克思主义的东西就必然会乘虚而入，从而影响我国高等学校对"四有"人才的培养，也不利于我国现代化建设的顺利开展。而大学生理想信念教育的加强，无疑会增强大学生应对社会变革时期复杂社会环境的能力，促使他们健康成长。

三、当代大学生理想信念教育的现状及问题分析

（一）当代大学生理想信念教育的现状

大学生理想信念的状况是研究开展当代大学生理想信念教育的依据，对大学生理想信念状况的了解与把握有助于我们科学地实施大学生理想信念教育。

1. 当代大学生理想信念的主流特征

不断发展变化的社会形势和不断涌入的新兴思潮，使当代大学生形成了自己的心理和行为特征，大学生的理想信念在主流上是积极、健康、向上的，具

体表现为以下四方面。

（1）道德行为水平不断提高

现代科技文明在给当代大学校园带来学习革命的同时也促进了当代大学生良好道德行为的养成。目前大学生的道德水平普遍较高，各种良好的道德行为正在养成，并经由大学生的身体力行而在社会中得以广泛传播。

（2）民主意识不断增强

随着我国民主政治的不断发展，当代大学生的民主意识也越来越强烈。在学校生活中，他们不满足于被教育者的角色，要求更多地参与到班级和学校的组织工作与管理工作中去；在社会政治生活中，他们对民主选举、民主管理、民主作风也表现出极大的兴趣，具有强烈的改革和参与意识。

（3）主人翁意识不断增强

大学生的主体意识不断增强，他们有自主、自理、自强的愿望，希望得到社会的认同和理解。同时他们的主人翁意识也在不断增强，其对祖国的前途命运十分关心，认识到个人的命运与国家的发展是紧密相连的，在国家有困难的时候，他们表现出了忧国忧民的爱国思想。

（4）务实理性价值观念逐渐普及

在计划经济向市场经济转型的过程中，大学生价值观念发生了变化，大学生期望有一种多样性和包容性的环境。市场经济的发展培养了他们的务实品格，在整个社会务实风气和校园环境的影响下，大学生中夸夸其谈、好高骛远的少了，注重实干、积极进取、追求实效的多了。

2. 当代大学生理想信念教育存在的问题

虽然，当代大学生理想信念教育取得了一定的成效，大学生的理想信念主流是积极向上的，但是，理想信念教育在一些方面还存在不足之处，应该引起高校的重视。

（1）当代大学生理想信念教育实效性不强

当代大学生理想信念教育长期与社会发展相脱节，与现实生活相脱节，缺少了针对性和实效性，具体表现在以下几方面。首先，教育目标定位不准确，缺乏层次性。一方面，高校没有将共产主义崇高理想讲透彻，说服力不够，又没有结合社会和学生实际，导致教育效果不理想。另一方面，高校在注重实际的情况下又过分强调个人的生活理想、职业理想，反而减少了社会主义理想信念的教育，没有形成理想信念的整体合力，导致理想信念教育缺乏方向性。其次，教育内容僵化滞后，缺乏针对性。高校理想信念教育的内容长期滞后于社会发展的要求，因此，大学生接触和学习的内容与他们所处的现实社会相去甚远，无法与大学生的实际生活相联系，从课堂上学习的知识无法解决实际生活问题，一些学生对此产生疑惑，从而失去了学习的热情和兴趣。社会发展对大学生理想信念教育提出了新的要求和新的标准，所以，理想信念教育的内容必须不断更新，提高针对性。最后，教育方法单一落后，缺乏实效性。当前，科学技术突飞猛进，新媒体为创新理想信念教育方法提供了技术支持。新媒体集文本、图片、影音于一体，寓教于乐，最大限度地增强了教育的立体感，突破了传统课堂注重理论灌输，大讲特讲道理的教育模式，使学生身临其境地理解和吸收文化知识，在愉快的氛围中自觉地接受教育。

（2）当代大学生理想信念教育工作者的素质有待提高

高校教师担当着教书育人的重任，是传播马克思主义理论和中国特色社会主义理论的基础力量，在教育教学中占据主导地位。因此，思想政治教育工作者的理想信念状况直接影响着受教育者对课程的理解和接受程度，关系到他们理想信念的最终确立。高校思想政治教育工作者具有较高的科学文化素养、坚定的政治素养和高尚的道德品质，树立了主流价值观念和理想信念，责任意识强，具备较高的职业素养。然而，个别教育者放任自己、不思进取，不能根据时代的变化转变自己的观点，教育手段单一落后，无法满足大学生求新求变的学习需求。同时，教育队伍老龄化，年轻教师相对较少，与年轻教师相比，老教师虽然经验丰富，但是接受新事物的能力不强，而且教育观念比较落后，无法充分调动学生的积极主动性，这使理想信念教育缺乏实效性。

（3）当代大学生理想信念教育的合力尚未形成

大学生在确立理想信念的过程中，必须将社会理想转化为个人理想，这就要借助社会、学校和家庭的力量来共同完成。大学生理想信念教育不能脱离社会和家庭而进行。良好的社会风气、和谐的家庭环境，有助于大学生理想信念的形成，是大学生理想信念形成的重要保证。因此，当代大学生理想信念教育尚有不尽如人意之处，在一定程度上也与社会、学校和家庭不能协调合作有关。全社会必须形成大学生理想信念教育的合力，重视社会环境、学校环境和家庭环境对理想信念教育的影响。要想形成当代大学生理想信念教育的合力，就要营造有利于理想信念确立的和谐氛围。高校应大力加强和推进社会主义民主政治、社会主义法制社会、社会主义生态文明建设，推进党风廉政建设，为学生营造公正、和谐、稳定的社会氛围。同时，营造良好、和谐的家庭环境。家庭成员之间应该相互关心、互帮互助，为整个家庭的安定和谐而努力奋斗。家庭成员必须起到榜样示范作用，以自身正确的思想观点、政治观念、道德品质对学生施加影响，使理想信念教育获得良性发展的条件。

总而言之，当代大学生理想信念教育必须合社会、学校、家庭三方之力，只有这样才能提高理想信念教育的实效性。

（二）大学生理想信念教育存在问题的原因分析

1. 市场经济的负面影响

社会主义市场经济特有的工作方式、运行机制，给青年一代的生活和工作带来了翻天覆地的变化，影响着他们的思想和行为。一方面，社会主义市场经济对大学生产生了积极的影响，其竞争性和自主性增强了他们独立思考和解决问题的能力，社会主义市场经济的公平竞争原则能够引导他们树立积极拼搏的竞争意识，通过自我学习、自我完善增强自身的竞争力，使自己在复杂多变的社会环境中始终立于不败之地。另一方面，市场经济的逐利性也给大学生理想信念的形成带来了负面的影响。一些大学生把追求金钱、名利、权势作为自我实现的终极目标，他们漠视理想信念、伦理道德，甚至走上了违法犯罪的道路。一些大学生自私自利，对事关整个国家和全体人民利益的事情漠不关心，不能正确处理国家、集体和个人的关系，把个人利益放在首位。一些大学生不能正确对待市场竞争，为了增强自己的竞争实力，漠视法律和道德纪律，因此恶意竞争、不良竞争相继出现，这严重扰乱了社会主义市场经济秩序。

2. 西方价值观的影响

西方资产阶级的腐朽思想随着经济全球化的浪潮席卷而来。一些资本主义国家采取围堵政策，大肆宣传他们的经济制度、政治制度、文化制度，不断向我国大学生输送他们的思想文化、生活方式。西方敌对势力还试图通过"和平演变"的方式加紧对我国的政治、经济和文化渗透，不断抨击我国的社会主义制度和路线、方针、政策，利用"黑客"攻击我国的互联网络，发表不实言论，严重影响了我国社会的稳定和人民的安定团结。大学生正处在世界观、人生观、价值观确立的关键时期，主流价值观念尚未形成，他们喜欢追求新鲜事物，思想灵活多变，求知欲较强，极易受到不良思想的侵蚀。部分大学生受到资产阶级拜金主义、享乐主义及个人主义的影响，追名逐利、唯利是图，把法律和道德抛在脑后；部分大学生形成了错误的消费观念，标新立异、贪图享乐、铺张浪费、大肆挥霍。

3. 高校理想信念教育的不足

大学生理想信念教育历来受到党和国家的重视，总体来说，大学生理想信念教育效果良好、成绩喜人。但我们也应该看到，高校理想信念教育还存在一些问题。一是理想信念教育的内容陈旧，缺少时代特征，不能与当今时代和现实社会相结合，理论脱离实际，教育内容更新速度慢。二是理想信念教育的方法单一，形式大于实效，没有突出学生的主体地位，无法调动学生的参与性和积极性。三是理想信念教育工作者的水平参差不齐，必须加强和提高教育者的文化素质、思想素质、道德素质，增强他们的科研能力和创新能力，保障理想信念教育的有序进行。

4. 大学生自我教育的缺失

大学生理想信念问题的产生也有大学生自身的原因。在多元文化的冲击和社会转型的影响下，一些大学生的理想信念产生了偏差，他们出现了政治立场不坚定、政治信仰缺失、价值观念偏颇等问题，这些问题需要集社会、学校和家庭的力量来解决，也需要大学生自己来解决。大学生应该加强自我教育，自觉学习和掌握马克思主义的相关理论知识，并将这些科学理论运用到实践中，在实践中进一步提高认识、完善自我，坚决抵制不良思想文化的腐蚀和侵害，逐步树立正确的理想信念，成为合格的社会主义建设者和接班人。

第二节　多元文化背景下的大学生理想信念教育

一、文化及多元文化

在弄清什么是多元文化之前，我们应该先理解一下文化的内涵。通常认为，文化就是指人类在社会发展过程中所创造的物质财富与精神财富的总和。具体而言，它包括一切社会成员通过漫长的积累所习得的知识、能力和习惯，涉及信仰、艺术、法律和社会风俗等多方面的内容。但是，笔者所指的文化是"特定社会中特定行为和思维方式、价值观的体系，或者说是人类社会所创造的特有意义体系，即文化指生活于一定的文化共同体中的人们长期积淀而成的一套文化系统，包括价值观念、思维模式、审美趣味、道德情操、宗教情绪、民族性格等，而价值观念系统是其核心，因为文化在根本上是一种精神文化"。例如，我们说某个建筑物代表一种文化，并不是说该建筑物就是文化，而是说建筑物蕴含着某种文化精神，具有某种文化特色。所以，文化是一种精神文化，精神文化是文化的深层次表现，也是隐形的文化。精神文化是一个人对真善美的精神追求，而这种精神追求就体现着价值观的内容，因此，价值观是文化的核心。

多元文化最早出现在 20 世纪 20 年代，通常指两种文化：一是殖民地国家存在的殖民地文化与原住民文化；二是指在多民族国家中存在的不同民族间的文化。

多元文化包括文化主体的多元化、文化性质的多元化和文化来源的多元化。概括起来分为两种情况：一种是性质上一元，形态上多元，多元可以在同一基础上统一起来，即一元多样性；另一种是性质上完全不同，缺少统一的基础和根据，这是多元的多样性。一元的多样性虽然有差异，但不会引起社会主导价值观的混乱；而多元的多样性则会造成价值观的根本对立和冲突，使社会失去主导方向、陷入迷茫。

二、我国当前的多元文化状况及其形成的原因

中国原本就是一个多民族的社会，各个民族具有各自独特的文化传统，具有鲜明的文化个性，这属于一元的多样性，民族文化的特色与社会的主流价值观不发生冲突。但处于社会转型期的当代中国还存在着多元的多样性。社会的转型期也是一个价值观不稳定的时期，新旧价值观同时存在，从而形成了转型期特有的价值观多元和冲突的局面。多元价值观的存在不是一件坏事，它标志着社会的进步。问题是，一个民主的国家不仅需要尊重每个主体，还要有共同生活的规范和社会的凝聚力，所以，必须确立社会核心价值观的主导地位，以主导的价值观整合多元的价值观，只有这样才能保证社会的和谐发展，中国的多元文化是人们的价值选择、思想观念和生活方式的差异、冲突和共存的问题，客观上说是由于中国社会的转型、全球化、信息化等因素所促成的；主观上是缘于意识形态的宽松和对多元文化的认可。这些影响因素促成了当代中国社会的转型，但也正是由于社会的转型，才使得国家在意识形态上采取了宽松的政策，认可了多元文化的存在。

三、多元文化对大学生理想信念教育的影响

在多元文化环境的影响下，大学生的理想信念状况总体来说是好的，他们积极向上、热情阳光、充满朝气，但也有一些大学生出现了政治信仰迷失、价值观念模糊、文化素养缺失、职业追求缺乏等方面的问题，具体表现为重视物

质享受、精神生活空虚，不满社会现状、责任意识缺乏，过度崇尚自我、心态浮躁，文化素养缺乏、道德意识淡薄，等等。这给理想信念教育带来了重大挑战。

（一）积极影响

多元文化对大学生的理想信念教育带来了一定的积极影响，主要体现在如下方面。

1. 多元文化丰富了理想信念教育的内容与形式

在多元文化背景下，我们不能只看到不同文化之间的冲突，而应对不同文化保持正确的态度，善于吸取各国文化的精华，从而丰富和完善自己。信息传播渠道日益多样化，使我们不仅可以通过广播、电影、电视、报刊和书籍来获取知识，而且可以通过网络等各种渠道来获取文化信息。这有利于大学生认识和了解多元文化，进而吸取各国文化的精华。外来文化中有与我国主流价值观基本一致的价值观，如西方文化中所倡导的个人平等、个人权利与个人自由等思想，这有利于大学生个体积极性的形成。另外，西方文化中的追求真理、勇于开拓和探索的科学精神有利于大学生形成科学的世界观。诸如开普勒、伽利略、牛顿、爱因斯坦等科学家对真理不懈追求的精神以及他们严谨的科学态度，不仅能增加大学生对科学的兴趣，更能激发他们学以致用的信心。由此可见，多元文化对青年大学生价值观的形成与发展具有积极的影响。

2. 有利于培养大学生的个性

多元文化的存在和发展为个人的发展提供了更多的选择机会，赋予了个人更多的自由和更丰富的精神资源，有利于实现个体生命的价值。多元文化的环境为个人的生存和发展提供了更多的选择机会，大学生可以根据自己的兴趣、爱好自由选择适合自己能力和个性的文化，进而进一步完善自己的个性。没有人才个性的培养就很难有创新。无论是国家还是民族都需要有创新的人才，有创新才能有发展。多元文化给创新型人才的培养提供了有利条件。多元文化打破了传统教育的单一模式和整齐划一的价值尺度，使教育更加人性化、科学化，为大学"一专多能"的人才培养模式的形成奠定了基础。

（二）消极影响

任何事物都存在两面性，多元文化在带给我们很多积极影响的同时，也给我们带来了一些负面影响，给理想信念教育带来了严峻的挑战。

1. 导致大学生价值观混乱

多元文化带来的多元价值观容易导致大学生价值观的混乱、冲突和矛盾，这会让大学生难以客观、准确地辨别各种文化，进而在价值观选择上产生盲目性和困惑性，可能导致其理想信念缺失或者被错误的"信念"所迷惑，最终产生对社会主义、共产主义理想信念的怀疑。调查显示，大学生理想信念缺失与传统和现代文化的冲撞、东西方文化的碰撞、主流文化与非主流文化的搏杀密切相关，在多元文化的冲击下，大学生容易盲目跟风。理想信念教育对大学生具有不可替代的作用，它好比一个人的精神心理活动的中枢系统。理想信念是大学生时代精神和崇高的价值追求的精神支柱，是一个人在人生和事业各个方面的精神导航，更是一个有追求、有志向者的强大动力。理想信念缺失的人往往缺乏学习、工作目标，缺乏拼搏的精神和敢于担当的勇气。在当今日益激烈的竞争环境中，大学生承受着巨大的心理压力，出现了一些心理疾病。一些大学生理想信念缺失，心理问题得不到及时化解，做出一些道德失范的事情。

2. 致使大学生缺乏诚信和社会责任感

中国传统价值观受到了西方的功利化、商业化的影响，当今社会拜金主义、享乐主义、个人主义、功利主义有所抬头，这使得一部分大学生见利忘义、背信弃义，缺乏社会责任感。中国的市场经济搞活了企业，极大地提高了人民的生活水平，但是在发展市场经济的过程中，出现了以金钱的多少来衡量社会地位，以财富的多少来评价人品优劣的不良现象，这种把成功与金钱和财富等同的价值导向，导致了拜金主义、享乐主义、个人主义等不良风气的形成。这些社会风气影响了一些人的价值观，导致了一些违背社会公德、践踏法律、侵害他人利益的行为的出现。在这样的环境中，一部分大学生的人生价值观开始扭曲，他们不讲奉献精神，不维护集体的荣誉，利欲熏心，朝着"功利化"的方向越走越远。

3. 主流文化的地位受到了冲击

众所周知，一个社会的主流文化是合乎潮流、适应社会规律的文化，它所强调的价值观念是经过实践的检验的，在特定社会时期起到了促进和推动历史发展的作用。我们虽然强调文化包容、文化融合，提倡新的观念和新的思想可以成为社会变革的先导，但大多数情况下由于文化的产生总是受制于经济体制和社会结构的变革的，文化模式的变革要迟滞于社会经济政治的变革，因此一个社会要获得健康持续的发展，就必须倡导主流价值观，坚守主流文化，牢牢把握文化领域的制高点。中国特色社会主义文化是我国的主流文化，我国倡导集体主义价值观念，主张社会利益、国家利益、集体利益高于个人利益。目前中国正处在文化的转型时期，在多元文化的背景下，我国的主流文化受到了冲击，其地位有所动摇，有被模糊化、边缘化的危险，并且在网络文化等"快餐文化"的不断腐蚀下，现今一些大学生对主流文化、主流价值观念产生了质疑，其理想信念缺失、政治意识淡薄。

以上三种情况说明在文化多元化的背景下，教育工作者的权威和主导地位受到了挑战，而具有特殊性和针对性的专业教育的影响力也被削弱了，我们不能忽视专业教育的影响力，应正确对待其产生和发展的规律，面对问题时应总结经验、不断探索，努力找寻一条使大学生形成正确价值观的理想信念教育的成功之路。

四、多元文化背景下大学生理想信念教育的原则

在对大学生进行理想信念教育时要遵循教师与学生的双向互动规律，使教育活动中的两个主体相互促进，共同完成教学目标。教师不能再沿用传统的那种"我讲你听"的教育方法，要探索新的教育方法，确立新的教育原则。在当代社会多元价值的影响下，大学生理想信念教育应遵循以下原则。

（一）民主平等原则

思想政治教育理论和实践证明，理想信念教育过程是一种双主体互动的过程，这种主体性具体包括两个方面。一是教师的主体性。教师应将外在的理想信念教育内容转化为内在的教师的责任，引导大学生形成正确的理想信念。二是学生的主体性。学生在主体性原则下，成长为能进行自我管理、自我教育和独立进行价值判断的道德主体。所以，我们必须彻底摒弃传统的、生硬的教育观，使大学生形成自我管理、自我教育的意识，充分尊重大学生的主体地位，培养大学生的判断能力、理解能力和选择能力，使大学生认同主流价值观，形成符合社会发展需要的积极向上的价值观，最终使理想信念教育达到应有的效果。

（二）科学原则

高校要对大学生进行理想信念教育，使他们树立科学的信仰——共产主义的信仰。首先要让他们"信"马克思主义，"信"人类社会发展的一般规律，"信"共产主义是人类最美好的社会；然后，由"信"至"爱"。只有使大学生"爱"

马克思主义、"爱"共产主义，才能达到真正的"信"，进而用社会主义的理想信念去引领自己的人生观、价值观。

（三）实效性原则

理想信念教育方法必须具有可操作性，在实践中可行，并能产生良好的教育效果。要坚决反对只满足和热衷于形式上翻花样的形式主义，要不断根据实际效果，及时纠正错误的或效果不佳的方法和做法，这样才能让教育活动取得最佳效果。

五、多元文化背景下大学生理想信念教育的路径

（一）创新理想信念教育的教学内容，明确理想信念的教育目标

在多元文化背景下，理想信念教育也应与时俱进，不仅要与不同时期的党的工作任务相结合，还要与大学生自身的特点相结合。比如，大学生只有在了解我们中华民族的文化环境、政治环境的前提下才能确立崇高的理想信念，进而去改造未来的中国社会。因此，我们的教育工作者应该认真探讨理想信念教育的方法，使学生接受并喜欢它。

另外，为了使学生树立正确的政治观念，坚定正确的政治方向以及对社会主义和马克思主义的信仰、对社会主义现代化建设的信心以及对党和政府的充分信任，还应采取多种方式改革多元文化教育课程，改变传统的主流文化对课程的垄断局面以及单一文化观下所产生的单一性、封闭性教育的现状，使学生形成适应多元文化背景下社会所需要的道德思维能力。

（二）创新教育手段，探索理想信念教育新载体

互联网信息技术的飞速发展为多元文化的传播提供了很大的平台，但是在多元文化的背景下西方各种价值观也肆无忌惮地涌进来，互联网上充斥着各种不良文化，我们要主动地利用网络这个新平台，运用网络的快捷功能来对大学生进行理想信念教育，为大学生确立社会主义—共产主义的理想信念提供一个安全的空间；要用大学生能接受的方式来引导大学生朝着共产主义的伟大目标前进，这是大学生树立科学的理想信念的重要保证。

（三）创新教育方式，提升理想信念教育效果

在多元文化环境中，面对新的形势和新的问题，我们必须及时更新教育理

念、教育内容和教育方法，有效应对多元文化给我们带来的价值冲突问题，化解信仰危机。

1. 运用显性教育与隐性教育相结合的教育方法

在多元文化背景下，教育工作者必须摒弃单纯的灌输式教学方式，发挥隐性教育的优势，将显性教育与隐性教育结合起来，用启发式的教育方法指导学生在对各种社会价值进行分析、比较和甄别的基础上，结合个人的道德状况，自主地、合理地选择个人所应确立的真正符合时代要求的道德观念，从而将理想信念潜移默化地灌输到大学生的思想中。

2. 借鉴国外成功的教育经验，创新理想信念教育的形式

美国被称为"世界文化熔炉"，其在道德教育中采用的是隐性教育的方式，其信奉多元化的同时注重正面引导。美国没有专门的思想政治教育课，也没有统一的德育教材，它强调启发式教学方法，注重培养学生的认知发展能力和道德判断能力，这是美国德育的中心内容。美国利用这种隐性教育方式将资本主义的价值观扎根在它的国民心中。这种教育方式值得我们去学习。因此，我们要吸取国外成功的经验，创新理想信念教育的方法，使共产主义的理想信念也扎根于每个大学生心中。

（四）大力开展社会实践活动，强化社会实践的理想信念教育功能

教育过程本身离不开社会实践，理想信念教育也是如此，它是知情意的统一体，在判断其效果是否明显时，不仅要看大学生是否建立了共产主义的理想信念，更要看大学生是否能把理想转化为行动，把信念转化为力量，是否能在实践中自觉追求共产主义的理想信念，按共产主义的价值原则行事，以自己的实践行动为实现社会主义、共产主义理想而奋斗，从而自觉抵制多元文化带来的负面影响。因此，除了理论上的引导之外，教育者还要引导大学生积极投身于广泛的社会实践中，只有不断体验社会生活，大学生的价值观才能真正形成或改变。

第三节 "中国梦"与大学生理想信念教育

一、"中国梦"的由来及发展

（一）"中国梦"的由来

"振兴中华"这句话是孙中山先生最先提出来的。他在 1894 年兴中会成立章程中写道："是会之设，专为振兴中华。"我们党成立以后，承担起了领导人民振兴中华的神圣使命。改革开放初期，"团结起来，振兴中华"是最响亮的一个口号。周恩来同志的"为中华崛起而读书"为人们所熟知，一直是青年学子奋发向上的励志警句。2012 年 11 月 29 日，习近平总书记把"中国梦"定义为"实现中华民族伟大复兴，就是中华民族近代以来最伟大梦想"。"中国梦"的特点就是把国家、民族和个人作为一个命运的共同体，把国家利益、民族利益和每个人的具体利益紧紧地联系在一起。

（二）"中国梦"的发展

1."中国梦"是历史的

"中国梦"具有几千年的历史渊源。在几千年的沧桑岁月中，我国 56 个民族、13 亿人民已紧紧凝聚在一起。我们共同创造的美好家园，共同培育的民族精神，皆源于我们共同坚守的理想信念。这并不是说，实现中华民族伟大复兴的"中国梦"在几千年前就形成了，而是说"中国梦"具有久远的历史。

中华民族的昨天，正可谓"雄关漫道真如铁"。我们这个民族在近代以后遭受的苦难之深重，付出的牺牲之巨大，这在世界历史上都是罕见的。但是中国人民从不屈服，不断奋起抗争，也终于掌握了自己的命运。回首过去，我们深知：落后就会挨打，发展才能自强。

2."中国梦"是现实的

"中国梦"伟大理想是现实的、伟大的。

（1）我们走上了实现"中国梦"的正确道路

改革开放以来，我们总结历史经验，不断艰辛探索，终于找到了一条实现中华民族伟大复兴的正确道路。这条道路就是中国特色社会主义道路。独特的文化传统，独特的历史，独特的国情，注定了中国必然走适合自己特点的发展道路。我们走出了这样一条道路，并且取得了成功。

（2）我们比以往任何时候都有信心

当代中国，在经过40多年的改革开放后，社会生产力迈上一个大台阶，人民生活水平迈上一个大台阶，综合国力迈上一个大台阶，我们比历史上任何时期都更接近实现中华民族伟大复兴的宏伟目标，我们比历史上任何时期都更加渴求人才，我们比历史上任何时期都更有信心、更有能力实现这个目标。

（3）"中国梦"包含着许多现实的目标

"中国梦"包含航天梦、强军梦、美丽中国梦、海洋强国梦以及文化强国梦、人才强国梦、精神文明梦等。"中国梦"不仅是物质文明的大发展，也是精神文明的大提高。2014年3月27日，在联合国教科文组织总部，习近平总书记在演讲中强调，"中国梦"是物质文明和精神文明均衡发展、相互促进的结果。没有文明的继承和发展，没有文化的弘扬和繁荣，就没有"中国梦"的实现。中华文明历来把人的精神生活纳入人生和社会理想之中，所以实现"中国梦"是物质文明和精神文明共同发展的过程。

二、"中国梦"的内涵及意义

（一）"中国梦"的内涵

习近平总书记指出："中国梦，核心内涵是中华民族伟大复兴"；"基本内涵是实现国家富强、民族振兴、人民幸福"；"在新的历史时期，中国梦的本质是国家富强、民族振兴、人民幸福"。他强调："中国梦归根到底是人民的梦"；"中国共产党在中国执政，就是要带领人民把国家建设得更好，让人民生活得更好"；"人民对美好生活的向往，就是我们的奋斗目标"。习近平总书记深刻揭示了"中国梦"的丰富内涵、内在逻辑和价值追求。具体来说，"中国梦"的科学内涵包含以下两方面。

1. "中国梦"是中华民族伟大复兴与社会主义现代化的统一

新中国社会主义制度的确立，不仅为民族复兴的"中国梦"开辟了一条崭新的道路，而且赋予了"中国梦"新的内涵，即中华民族的伟大复兴与社会主义现代化的统一，这两个奋斗目标应结合在一起，中华民族伟大复兴与社会主义现代化应汇合为同一个梦想。

2. "中国梦"是民族梦与个人梦的统一

中国梦的实现最终必须要落实到个人梦的实现上，否则，就谈不上中国梦的真正实现。中国梦与个人梦不是彼此孤立的，而是一个相互联系、有机统一的整体，统一于中国特色社会主义的伟大实践之中。

（二）"中国梦"的意义

对于"中国梦"，每一个人都可能有不同的理解，但无论对于国家还是个人，它都有着深远的意义。

1. "中国梦"是新形势下的话语创新，有着符合时代精神的双重内涵

它切合了时代主题，把准了时代发展的脉搏，有着世界话语意义。与美国梦、德国梦和欧洲梦等一样，"中国梦"是中国人民对国家富强、人民幸福生活的追求与向往，它理应得到有着同样追求与梦想的世界各国人民的理解与支持。另外，"以和为贵"和"亲仁善邻"作为传统的"中国梦"不是一种简单的民族主义梦想，和平的实现方式使它既能造福于自己，也造福于人类。

2. "中国梦"可以凝聚共识

随着改革开放的不断深入，以公有制为主体、多种所有制经济共同发展的经济制度逐渐形成，利益多样带来的价值多元的局面也慢慢形成。在文化软实力作用日益凸显的情况下，如何凝聚共识、引领发展就成为摆在当前党和政府面前的迫切课题。"中国梦"在凝聚共识中的作用可概括为两点：其一，它把人们的视野引向了能被众多国人接受的共同目标——中华民族的伟大复兴，这样就可以统一思想、引领行动；其二，它用理想形式使人们把目光从现实投向未来，这就可能使人们在发展中看到更多希望，取得更大共识，有利于人们从国家利益与个人利益、眼前利益与长远利益的统一中重新定位自己的生活与目标。

3. "中国梦"可以增强力量

"中国梦"反映的是党、国家与人民的共同心愿，深得人民的喜爱。因此，它已经被人们广为接受并成为人们的行动指南，进而汇成了一股强大的力量，有力地推动着我国朝着富强、民主、文明、和谐的社会主义现代化强国迈进。

三、"中国梦"与大学生理想信念教育的关联性

大学生对于一个民族和国家来说是最关键的一代，是建设社会主义的接班人，是中华民族实现伟大复兴的实践者，因此加强大学生理想信念教育，具有重大的现实意义。高校是对大学生进行理想信念教育的重要基地，因此对于高校教育来说，要紧跟时代的步伐，紧扣时代的脉搏，开展理想信念教育，让大学生树立正确的理想信念。而充分地认识"中国梦"与大学生理想信念教育之间的关系是我们开展大学生理想信念教育的前提和基础。

（一）内涵上的关联性

1. "中国梦"是一种崇高的理想信念

"中国梦"是中华民族伟大复兴的共同理想，是科学的理想和坚定的信念的有机统一。在复杂的形势面前，大学生在思想上面临着诸多的矛盾和困惑，高校教师要引导其建立正确的思想体系。"中国梦"蕴含着中国特色社会主义的共同理想，它的具体实现形式就是建设有中国特色的社会主义事业，贯穿其中的政治信念就是中国特色社会主义的政治信念。对于当代大学生而言，它是一种精神力量，能够使大学生坚定对马克思主义的信仰、对社会主义的信念，增强其对改革开放和现代化建设的信心和对党和国家的信任。"中国梦"的提出增强了大学生对自身建设社会主义的历史使命感以及社会责任感，极大地增强了大学生对外来思潮的"抵抗力"，使当代青年大学生确立了正确的政治信仰，激发了中华儿女实现祖国伟大复兴的历史使命感和责任感。

2. "中国梦"是社会理想和个人理想的有机统一

"中国梦"是国家、民族及人民的共同愿望，通过引导大学生树立正确的理想信念，使远大的理想信念为大学生提供精神动力和内在驱动力，使大学生相信在社会发展的过程中每个人都有发挥才能的机会，只要不断努力，就可能实现自己的梦想，从而改变自己的命运，使自己的人生更有价值。与此同时，"中国梦"催生了当代大学生的新思想观念，激发了大学生的思维，提高了大学生的主动性、创造性，增强了当代大学生的主人翁意识。

（二）目标上的关联性

1. 最终目的是实现共产主义

对大学生进行理想信念教育的目的在于使其坚定共产主义的崇高理想信

念，树立马克思主义的世界观、人生观、价值观。"中国梦"是在总结中国特色社会主义宏伟事业实践经验的基础上提出的，它系统地更新和创新了中国特色社会主义理论，从而推动了科学社会主义的理论发展。它彰显了中国特色社会主义的三个"自信"，即道路自信、理论自信、制度自信。这三个"自信"明确了实现"中国梦"的正确征程，指出了实现"中国梦"的前进方向，是"中国梦"得以实现的根本保障和根基所在，凝聚了实现"中国梦"的动力源泉。一方面，"中国梦"运用马克思主义科学的世界观、人生观、价值观来凝聚大学生的正能量，用共同理想来使大学生确立正确的政治信仰，用中国道路来引领大学生的前进方向，用中国精神来激励大学生成长成才，用中国力量来驱使大学生不断进取创新。另一方面，"中国梦"运用马克思主义的基本立场、基本观点、基本方法来抵制和批判非主流政治文化和反主流意识形态，解决大学生在政治信仰方面存在的各种问题，引导大学生辨别真伪、区分善恶、甄选美丑，深刻领会中国特色社会主义理论在追求真理、实现价值、发展个人等方面的丰富内涵。大学生要不断增强对我国改革开放和社会主义现代化建设的信心，增强对党和国家的信任，始终保持清醒的头脑，坚定对共产主义的理想信念。

2. 为实现共产主义做准备

我们可以把理想信念划分为长期的理想信念和短期的理想信念，短期的理想信念是为实现长期的理想信念所做的准备。

共产主义理想信念这一长期理想信念在中国共产党领导的革命和建设的历史过程中具体表现为最低纲领和最高纲领的统一：在革命时期也就是自中国共产党成立以来到社会主义"三大改造"完成这一时期，党的短期理想信念是夺取革命的胜利，建立社会主义制度。在中国初步建立到改革开放前的建设时期，党的短期理想信念是建立和巩固社会主义制度。改革开放至今，党的短期理想信念是建设和完善社会主义。这一步步的短期目标都是为了实现共产主义这一伟大的理想。时至今日，习近平总书记提出的"中国梦"是对这一发展历程的总的概括，它进一步明确了我们下一步的发展目标和未来的发展方向，这体现了每个阶段的最低纲领和最高纲领的辩证统一。一方面，最低纲领为实现最高纲领做准备；另一方面，最高纲领对最低纲领起到统领的作用，为最低纲领指明了前进方向。因此，实现"中国梦"这一阶段性目标仍然是为实现共产主义这一最终目标做准备。

（三）实现途径上的关联性

1. 教育途径的一致性

大学生理想信念教育和"中国梦"思想教育的教育途径都是以科学的马克思主义理论来对大学生的头脑进行武装。开展对党的革命历史教育、基本国情教育，可以使学生明白中国共产党选择社会主义道路的历史必然性，使学生明确自身的历史使命。开展实践教学活动，可以使大学生在实践过程中坚定自己的理想信念，从而将其转化为认识世界、改造世界的强大精神动力，提升个人的思想道德境界，充分发挥学校管理育人和学生自主管理的作用；可以充分调动学生的积极性，培养合格的社会主义接班人，实现个人价值和社会价值的有机统一；可以使大学生在实现自己人生价值的同时，实现"中国梦"这一伟大的集体价值。

2. 实现途径的一致性

大学生是"中国梦"的实践者和实现者，大学生个人梦想的实现事关中华民族复兴梦的实现。"中国梦"是一种思想观念，观念的东西得到大学生认同并掌握后，就会激发出无穷的实践力量，就会激励大学生去追求真理、探索科学、实现梦想。大学生只有树立正确的理想信念，并让它来指导自己的实践活动，才能在实践过程中发挥自身的才能，才能推动社会主义的发展。只有通过科学而有力的理想信念教育、"三观"教育和中国特色社会主义的共同理想信念教育，才能融合汇聚大学生奋发向上、实现民族复兴的正能量，才能产生建设中国特色社会主义、实现中华民族伟大复兴的强大精神动力，才能确保大学生沿着我国现代化建设的正确方向前进。

在中国特色社会主义建设的过程中，大学生所扮演的特殊角色地位和肩负的历史使命，决定了他们是实现"中国梦"的有生力量。只有加强对大学生的理想信念教育，使"中国梦"彻底地被大学生所接受并掌握，才能保障大学生成为国家的栋梁，才能为中华民族伟大复兴的实现和实现社会主义建设凝聚力量。

四、"中国梦"引领当代大学生理想信念教育

"中国梦"是我们党与当前时代发展要求相适应、与我国的经济社会发展总体要求相统一的基础上而提出的科学理论。"中国梦"的提出激发了人民群众强烈的民族意识和高涨的爱国热情，在全国范围内掀起了"中国梦"主题教

育活动的热潮。"中国梦"的德育价值以及"中国梦"与大学生理想信念教育在价值层面上的高度契合，充分体现出"中国梦"对当代大学生理想信念教育的引领作用。

（一）"中国梦"引领大学生理想信念教育的重要意义

1. 对未来大学生自身的发展具有重要意义

我国在 21 世纪的奋斗目标是到 21 世纪中叶建成富强、民主、文明、和谐的社会主义现代化国家，实现中华民族的伟大复兴。当代大学生的年龄大概在 18 到 28 岁，那么到 21 世纪中叶当代青年的年龄是 50 到 64 岁，从现在到实现"中国梦"的这个阶段恰恰是当代大学生施展才能的阶段，大学生是朝气蓬勃的一代，是实现"中国梦"的坚实力量，当代大学生的理想信念与国家富强、民族振兴紧密相关，实现"中国梦"需要当代大学生，也成就了大学生。因此，大学生要积极投入建设中国特色社会主义的伟大实践中，让青春之花开得更加绚丽；只有积极、勇敢地担负起历史使命，未来的成长道路才会越走越宽。

2. 对大学生担负起建设中国特色社会主义伟大事业的神圣使命具有重要意义

"中国梦"的奋斗目标与中国特色社会主义事业的总体布局具有内在的统一性，实现"中国梦"的伟大构想就走出了建设中国特色社会主义最坚实的一步。

用"中国梦"引领当代大学生理想信念教育，使大学生的个人理想融入社会理想之中，是实现社会主义伟大事业的关键。只有这样，"中国梦"的宏伟蓝图才能根植于每个大学生心中，才能使大学生在实现中国特色社会主义的伟大过程中自觉贡献力量。

3. 对未来大学生担负起实现中华民族伟大复兴的历史使命具有重要意义

生生不息的"中国梦"已经在我们每个国人的心中生根发芽，大学生要在"中国梦"的指引下朝着梦想不断竭力奔跑。积极践行"中国梦"、努力实现"中国梦"，是我们当代大学生应有的历史责任，是当代大学生人生价值得以体现的关键。

（二）在"中国梦"的引领下明确大学生理想信念教育的内容

作为当代大学生，要把"中国梦"作为理想信念教育的载体，要真正读懂

"中国梦"。高校要从"中国梦"教育的内容入手，让当代学生构筑起心中的个人梦，进而汇聚逐梦路上的青春能量。

1. 读懂"中国梦"，贯彻爱国主义教育

要用"中国梦"引导当代大学生理想信念教育，首先就要读懂"中国梦"，这是将"中国梦"融入理想信念教育的最基本前提。爱国主义教育不是一纸空谈，它是历史画卷的重现，是一种凝心聚力的精神力量。

实现"中国梦"的远大理想必须弘扬爱国主义精神。爱国主义精神不仅体现在对过去历史的敬仰，还是当下凝聚全民族共同力量的精神纽带。通过爱国主义教育使大学生树立实现"中国梦"的理想信念，使大学生把对祖国的真挚情感转化为建设社会主义事业的动力，使各民族青年学生心往一处想、劲往一处使，为社会主义的发展和现代化建设添砖加瓦。

2. 构筑"中国梦"，贯彻理想信念教育

个人梦是"中国梦"的来源，"中国梦"又是对个人梦的升华，个人梦的实现离不开"中国梦"的依托，"中国梦"的实现又为个人梦的实现保驾护航、指引方向。

用"中国梦"对大学生进行理想信念教育，使当代大学生充分认识到"青年兴则国家兴，少年强则国家强"的深刻道理，不断反思自己的行为、思想，及时纠正理想信念及个人价值观的偏差，以爱国主义为核心的民族精神与以改革创新为核心的时代精神作为实现"中国梦"的精神动力，大学生要树立积极向上的理想信念，共同推动"中国梦"的实现，与他人、祖国、时代共享人生出彩的机会。

3. 追逐"中国梦"，贯彻实践能力教育

要引导当代大学生自觉做"中国梦"的逐梦人，就要加强实践能力教育，要让大学生认识到自身在实现"中国梦"的过程中所发挥的主力军作用，要积极培养大学生的创新能力，培养大学生坚忍的意志品质，在圆梦的道路上不断发展自我、提高自我。

（1）发挥大学生在"中国梦"实现过程中的主力军作用

当代大学生是践行"中国梦"的主力军，用"中国梦"引领大学生理想信念教育，引导大学生自觉做圆梦路上的逐梦人是实现"中国梦"的题中之义。大学生是自己理想的践行者，同样也是"中国梦"的实践者。把"中国梦"与大学生的个人梦结合起来，找到大学生实现"中国梦"的着力点，将个人梦贯

穿于"中国梦"之中，提高学生的主体地位，为大学生自身价值的实现提供了更广阔的前景。

（2）培养大学生的创新能力

古往今来，文明的进步和社会的发展都离不开各族人民超凡的创造能力的发挥，培养青年学生的创新能力是"中国梦"的内在要求。创新是一个民族的灵魂，是社会发展的源泉和动力，要想顺利实现"中国梦"，就要培养大学生的创新能力。要先从基础知识入手，只有打牢基础才能为创新能力的培养孕育肥沃的土壤，进而激发学生的创造力，积极播种创新的种子，最后收获创新的果实，为创新提供源源不断的动力。

（3）培养大学生坚忍的意志品质

大学生坚忍的意志品质是当代大学生"中国梦"教育不可或缺的内容。高校要培植大学生的坚强意志，让大学生明白实现梦想的道路从来不是一帆风顺的，困难和挫折是我们实现"中国梦"的绊脚石，但也是我们的试金石，我们要有敢于克服困难的坚强的意志力，最终实现个人的理想和国家的梦想。坚韧的意志品质的培养有利于焕发大学生的精神风貌，提高大学生的思想境界，使大学生牢固树立对中国梦的理想信念，进一步增强实现理想的信念和力量。

第三章 基于全面发展理论的高校思想政治教育创新

第一节 全面发展理论与高校思想政治教育的辩证关系

一、全面发展理论是思想政治教育的理论指导和出发点

（一）人的全面发展理论是思想政治教育学的理论依据

任何一门学科的设立都需要以科学的理论依据为支撑，思想政治教育学也是如此。马克思主义理论尤其是马克思主义关于人的全面发展的学说，是确定思想政治教育目标、方针及任务的重要理论根据。中国目前处于社会转型期，社会的急剧变化引起了人们在思想观念、价值观以及心理情感方面的矛盾与冲突，这些是思想政治教育亟待解决的时代难题。现代社会的发展与变革以满足人的需要和实现人的发展为终极目标，因此，马克思主义人的全面发展理论成为思想政治教育解决这一时代难题的重要理论依据。

（二）全面发展理论的出发点和归宿

马克思主义的最高目标与理想是实现人的全面发展。马克思主义认为，社会发展的主要动力来源于人本身，历史的进步是社会的发展与人的发展相统一的结果，社会发展的终极目标是实现人的自由而全面的发展。马克思认为，人的自由而全面的发展是与生产力的发展成正比的，只有在物质财富极大丰富、人们的精神境界极大提高的共产主义社会，才能完全实现每个人的自由而全面的发展，但这是一个逐步提高、不断发展的过程。人的发展存在于社会发展的

每一个阶段，人的自由而全面的发展是社会发展与进步的最终结果。社会主义的根本任务是发展生产力，而发展生产力的落脚点就是实现人的全面发展。因此，高校思想政治教育的根本任务是通过满足人的需求、提高人的素质、活跃人的思维、振奋人的精神、增强人的凝聚力来充分调动与发挥人的积极性、主动性和创造性，最终实现人的全面发展。虽然在不同的历史时期和不同的历史环境下思想政治教育有不同的目标和任务，但追求与促进人的全面发展始终是思想政治教育的出发点与归宿。特别是在当代全球化趋势日益加剧和社会主义市场经济蓬勃发展的背景之下，高校思想政治教育更应该以人的全面发展理论为指导，以自身的具体情况为依据，为实现人的全面发展这一终极目标提供精神动力与智力支持。

二、高校思想政治教育是实现全面发展的重要途径

人的全面发展只有在一定的历史条件下才能实现，因此我们要消灭私有制，使生产资料归社会所有，同时，使生产力发展到能为每一个人提供全面发展和展现自己全部能力的机会。实现人的全面发展还有另外一个条件，就是能够促进人全面发展的思想政治教育。这种全面发展的教育包括德育、智育、体育、美育等。在实现人的全面发展的过程中，马克思主义历来都很重视思想政治教育。

（一）高校思想政治教育的决定性

高校在德育、智育、体育等方面都存在教育方向的问题，即从政治、思想、品德的角度来研究教育的导向问题。马克思主义人的全面发展理论认为，在人的全面发展中，思想品德是灵魂，是人的一切言行的先导。思想政治教育解决的是人的全面发展的思想政治教育方向的问题，高校用何种世界观和道德观教育大学生，让他们朝着哪一思想政治方向发展，是区分社会主义高校与资本主义高校的一个重要标准。当前，在世界经济一体化不断加深和我国经济体制改革日益深化的背景下，我国高校大学生的主流思想意识是积极向上的。当今大学生关注国家时事热点，政治视野开阔，思想比较健康，基本能对政治问题进行客观、理性的分析，政治鉴别力较强。他们对精神文明建设的重要性的认识比较客观，对人生的基本道德要求与道德价值取向的认识和理解日趋稳定与成熟。然而，西方各种敌对势力从未停止过其对我国意识形态领域的渗透活动，而且他们西化和分化的重点就是高校大学生。随着当前网络信息技术的高速发展，西方资产阶级思想文化对高校的渗透不断加剧，西方敌对势力企图通过潜

移默化的方式传播西方的价值观念与政治观点，以达到颠覆共产党的领导和社会主义制度的政治目的。与此同时，由于我国尚处于社会主义初级阶段，社会主义市场经济制度还不够完善，还存在一些社会问题，这对大学生的思想意识产生了一定的消极影响。一是部分大学生受到了拜金主义、享乐主义与个人主义的影响，存在理想信念模糊、政治信仰不坚定、社会责任感缺乏等的问题。二是一些大学生比较重视个性化的发展，心理素质较差，自控能力也不强，容易产生心理障碍以及厌学心理，个别大学生甚至会走向极端。三是互联网上的信息良莠不齐，某些不良思想会对大学生产生消极影响，甚至影响到学校的安定与和谐，少数大学生沉迷于网络而不能自拔，精神颓废，从而荒废了学业。四是一些大学生在面对严峻的就业形势和沉重的就业压力时会感到前途渺茫，甚至自暴自弃。以上这些问题对大学生的身心造成了负面的影响，不利于大学生实现自由而全面的发展。因此，高校要从内容和形式上加强对大学生思想政治教育的引导。从内容来看，高校思想政治教育最根本的任务是帮助大学生树立正确的世界观、人生观和价值观，因此要重视对大学生思想品德方面的教育，促使其形成正确的思想观念、价值观以及道德观；从形式上看，思想政治教育是做人的思想工作，要使大学生掌握科学的方法，不断提高大学生认识世界与改造世界的能力。我国是社会主义国家，高等教育必须把德育（思想政治教育）放在首位，只有高度重视对大学生思想品德的培养，才能坚持社会主义的办学方向，促进大学生的自由而全面的发展，使其能够更好地适应社会主义的发展方向。

（二）高校思想政治教育的重要作用

首先，高校思想政治教育是为大学生提供科学文化知识，以帮助其更好地认识世界的特殊教育方法。高校的德育、智育都是极其重要、不可偏废的。高校智育的目的在于提升和培养大学生的智慧与技能，使其将来能够更好地承担社会角色和任务。智慧和技能属于智力因素，而思想品德属于非智力因素。人的智慧和技能的发展与人的思想品德发展紧密联系。现代心理学研究表明，人的智力因素的发展水平和发挥程度依赖于而且越来越取决于人的非智力因素的发展水平。可见，学生的学习水平越来越取决于他的思想品德与心理素质的发展水平。因此，高校实施思想政治教育时，要重视提高大学生的思想道德与心理素质等非智力因素的发展水平，从而促进大学生的全面发展。其次，高校思想政治教育是引导大学生追求知识的力量源泉。教育心理学告诉我们，人在学习文化、掌握知识的过程中会受到许多主观因素的影响，其中决定大学生能否学有所成的是学习的积极性，而学习的积极性又取决于大学生的学习动机。因此，只有通过实施思想政治教育，才能把社会主义现代化建设的要求转化为对大学生的要求，进而形成大学生学习与实践的动力，从而促进大学生德、智、体、美等方面的发展。

总之，高校思想政治教育作为全面发展教育的重要组成部分，在大学生获得知识和培养能力的过程中起着重要作用，是促使大学生全面发展的重要条件与有效途径。

三、人的全面发展和高校思想政治教育的结合

（一）高校思想政治教育为人的全面发展提供精神支持

思想道德素质的提高是大学生全面发展的基础和前提，尽管提高大学生的思想道德素质的方法是多种多样的，然而，高校思想政治教育在其中所发挥的作用是不可替代的。

1. 高校思想政治教育升华大学生的理想

高校思想政治教育工作者要对大学生进行科学的社会主义理想教育，引导大学生树立正确的世界观、人生观和价值观，教育和鼓励大学生根据社会需要进行个人选择，使个人的兴趣爱好与专业特长与国家和社会的需求相符，将个人的自我价值与社会价值的实现和社会发展的目标统一起来，使大学生始终坚定对共产主义理想、对社会主义道路的信心。此外，高校还要净化大学生的心灵。陶冶大学生的情操，培养其健全的人格，塑造良好的校园风貌；提高大学生的思想道德素质，培养大学生的社会责任感、团队协作意识以及奉献精神，激发大学生的爱国热情，使大学生继承和弘扬中华民族优秀的精神文化传统，促使大学生全面提升个人素质，形成完善的人格，实现自身的全面发展。

2. 高校思想政治教育开发大学生的潜能

高校思想政治教育者要使大学生形成科学的思维方式，最大限度地挖掘大学生的潜能，调动其积极性和主动性，提高大学生认识世界与改造世界的能力，促使大学生实现自身的全面发展。

3. 高校思想政治教育塑造大学生的人格

提高人的素质，塑造健全人格，不仅是实现人的全面发展的必然要求，也是国家和民族努力奋斗以实现兴旺发达的必然要求。高校思想政治教育作为一

项有计划、有目的、有组织的教育活动,在人的全面发展中起着塑造人格的作用,是塑造大学生的健全人格的必要条件与决定力量。其通过培养大学生良好的思想品质,规范其社会行为,使大学生形成良好的心理品质和崇高的精神境界,并沿着正确的方向不断发展,对造就全面发展的优秀人才起着至关重要的作用。

4. 高校思想政治教育激发大学生的斗志

高校思想政治教育从大学生的思想认识入手,把握大学生的思想脉搏,提高大学生的思想觉悟,充分调动其积极性、主动性与创造性,引导大学生将自己从事的具体工作同远大的理想目标联系在一起,以崇高的思想指引和鼓舞着大学生不断在人生的道路上探索、追求,使大学生凭借巨大的精神动力去克服各种困难,最大限度地挖掘自身的内在潜力,开发自己的智慧宝库。高校思想政治教育正是通过理想和信念的巨大作用,引导大学生将思想、行为上的进步升华为学习、工作效率上的提高的,使大学生树立共产主义的远大理想与坚定信念,进而实现自身的全面发展。

5. 高校思想政治教育规范大学生的行为

高校思想政治教育通过对符合思想政治教育方向、目标的思想、行为的正确性和偏离思想政治教育方向、目标的思想、行为的不合理性进行界定,来规范大学生的思想与行为。在思想政治方面,帮助大学生树立正确的政治观念,使大学生达成政治共识,在思想上保持一致;在行为规范方面,通过明确行为规范,对大学生的行为进行正确引导,防止其出现异常和越轨的行为;在人际关系方面,培养大学生良好的心理素质,加强大学生之间的沟通与交流,促进和谐人际关系的形成。与此同时,高校思想政治教育通过增强大学生的社会责任感,提高其政治素养;通过道德和公德教育,培养大学生的自律精神,提高其道德素质;通过提高大学生的品格修养,增强大学生的理想信念,培养大学生的科学民主精神和奉献精神。高校通过对大学生进行思想道德、精神品格方面的引导与教育,加强了对大学生行为的规范教育。由此可知,高校通过思想政治教育规范了大学生的行为,为大学生整体素质的提高创造了条件,有效地促进了大学生的全面发展。

（二）人的自由全面发展给高校思想政治教育提出了新课题

实现共产主义是一个漫长的过程,实现大学生的自由全面发展也同样是一个漫长的过程,其中每一个人、每一代人的发展,都是这一漫长过程中的重要环节。因此,只有重视日常学习与生活中的点滴教育,才能最终实现大学生的全面发展。这个过程也是一个实践的过程，实践过程中主客观条件的变化会引起新情况和新问题的出现。因此，要增强高校思想政治教育的针对性与实效性，就必须重视对这些新情况和新问题的研究和解决，只有使高校思想政治教育的内容、形式和方法紧密联系实际，并且根据客观情况的变化及时对其进行改进与完善，才能真正提高思想政治教育的针对性与实效性，更好地促进当代大学生的全面自由的发展。

马克思主义人的全面发展理论是马克思主义理论学说的重要组成部分。实现人的全面发展不仅是社会发展的根本目标，也是高校思想政治教育的目的与归宿。高校是培养全面发展的高素质人才的摇篮，高校思想政治教育不仅在大学生对于社会主义发展方向的适应中起着决定性作用，也在大学生获得知识和培养能力的过程中起着重要作用，是实现人的全面发展的重要途径。

大学生的自由全面发展为高校思想政治教育提出了新课题，因此，高校思想政治教育必须以马克思主义人的全面发展理论为指导并将其贯穿于教育的始终，以转变人的思想、提高人的主体性为目标，通过满足人的需求、提高人的素质、活跃人的思维、振奋人的精神、增强人的凝聚力来充分调动与发挥人的积极性、主动性和创造性，最终促进人的全面发展。

第二节　基于全面发展理论的高校思想政治教育体系的构建

一、思想政治教育内容的确定及方法的选择

思想政治教育内容是思想政治教育体系的重要组成部分。只有根据社会经济发展的需要，坚持以人为本的教育方针，以实现大学生的全面自由发展为目标来选择思想政治教育内容，才能够建立起科学合理的高校思想政治教育体系。

（一）思想政治教育目标的设定

传统的思想政治教育目标存在同质化、高度模式化和理想化的问题。传统的思想政治教育目标与马克思关于人的全面发展理论之间存在一定的落差。按照同质化的模式理论，我们只能够培养出同质化的人才，这违背了以人为本的理念，忽略了人的个体差异，导致高校思想政治教育不能达到良好的效果。要提高大学生思想政治教育的实效性，就必须坚持以人为本的教育理念，以实现

大学生的全面自由发展为立足点来丰富教育目标的内涵，还应该根据社会发展的需要并在保证大学生个性发展的前提下，体现出思想政治教育的层次性和时代性。

1. 要丰富思想政治教育目标的内涵

高校思想政治教育的根本目标是提高大学生的思想道德素质，实现大学生在德、智、体等方面的发展，并将大学生的全面发展与社会经济发展的需求结合起来，为全面建设和谐社会培养高素质的人才。思想政治教育目标包括思想目标、政治目标以及道德目标。思想目标就是通过思想政治教育提高大学生的理论素养，引导大学生树立科学的世界观与人生观，使大学生学会运用马克思主义的观点去分析和解决问题。政治目标是指通过思想政治教育培养大学生的政治觉悟和政治素养，提高其政治敏锐性与判断力，使大学生坚定对社会主义的信仰和为实现中华民族伟大复兴而奋斗终生的信念，使其拥护中国共产党的领导和中国特色社会主义制度。道德目标是指培养大学生的道德认知能力，要求大学生树立社会主义核心价值观，使其形成一套自我道德规范以及全面建设和谐社会所需要的思想道德品质。由此可知，政治目标仅仅是高校思想政治教育的目标之一，所以各高校在开展思想政治教育时，要将思想政治教育立足于全面推进大学生的自由健康成长之上。

随着社会主义市场经济的快速发展，人的主体性意识不断增强，人们在服务社会的同时更加重视对自身合法利益的维护，因此，大学生要树立个人价值与社会价值相统一的思想观念。高校思想政治教育不单是对大学生价值观的一种正确引导，更是促进大学生全面健康发展的一种服务，所以高校思想政治教育必须在满足全面推进和谐社会建设和实现中华民族伟大复兴需要的同时，维护大学生的合法利益，更好地满足大学生在个人成长成才过程中的合理需要，从而使大学生实现自由而全面的发展。

2. 思想政治教育目标要体现层次性

高校思想政治教育目标必须与我国的根本目标保持一致，这是由党和国家的大政方针决定的，这样才能确保人才培养的根本方向，这是一个根本性、原则性的问题，但每个学生的特点是不同的，高校必须根据学生的具体情况来制定不同的目标，因材施教。思想政治教育只有体现出层次性，才能更好地达到预期的效果。大学生是高校思想政治教育的对象，大学生在家庭情况、生活阅历、思想觉悟以及知识背景等方面是不同的，因此大学生思想政治的状况也是不同的，而且其思想发展的需求也有所差异。

3. 思想政治教育目标要体现时代性

要提高思想政治教育的针对性和实效性，就要在教育内容的设置上体现出时代性，也就是必须以大学生思想道德品质发展的需求为依据，并结合时代发展的现状和需要来确定思想政治教育目标。当今社会已经进入知识经济时代，科学技术日新月异，社会的发展与科学技术的进步必然对人的发展提出新的要求。要培养适应社会经济发展需要的高素质人才，我们在思想政治教育的实施过程中就要充分考虑目前的社会情况，并立足于社会发展的未来趋势与方向来确定教育目标。如果秉持实用主义的原则进行思想政治教育，仅仅立足于使用思想政治教育理论去处理当前亟待解决的问题，而没有将思想政治教育的实施与实现大学生的全面发展结合起来，思想政治教育就难以收到良好的教育效果。因而，高校必须根据社会发展的趋势来制定思想政治教育目标，为和谐社会建设培养高素质的人才。因此，在实施思想政治教育时，高校必须根据大学生思想道德品质的现状以及未来的发展需要来确定科学合理的教育目标。唯有使思想政治教育的内容有利于满足受教育者思想道德品质发展的需要，才能最终培养出适应未来时代发展要求的具有高尚思想道德品质的优秀人才。

（二）确定思想政治教育的具体内容

1. 要始终以理想信念教育为核心内容

大学生思想政治教育的目的是为中国特色社会主义建设事业培养高素质的接班人。在思想政治教育内容体系中，政治教育处于首要和支配性地位，它不仅决定着思想政治教育内容体系的性质与方向，也关系着思想政治教育内容的其他方面。所以我们在确定思想政治教育的具体内容时，必须先突出政治教育的主导性地位。在社会主义初级阶段，我国思想政治教育的核心与关键是对大学生进行理想信念教育，而对大学生实施中国特色社会主义理想信念教育时，最根本的就是坚持对大学生进行爱国主义、中华民族精神、中国优秀传统文化教育，对如何认识实现中华民族伟大复兴的历史进程、如何认识当前全面推进和谐社会建设的曲折进程、如何认识实现伟大的中国梦对广大人民群众思想的影响、如何认识中国实现和平崛起的复杂环境等重大问题进行深入探讨，使大学生进一步认识实现中华民族伟大复兴的中国梦的历史必然性，坚定建设中国特色社会主义的共同理想，为早日全面建成和谐社会而努力奋斗。

2. 要不断更新大学生思想政治教育的内容

如今，社会在飞速发展，社会条件的发展变化必然导致大学生群体的思想政治状况的发展变化。要想增强高校思想政治教育的针对性和实效性，就必须与时俱进，不断更新思想政治教育内容，使之能够适应时代发展的要求。教育者要根据社会经济发展的需求，立足于大学生的实际情况，不断提炼出能够反映时代需求和人的发展要求的教育内容，使教育内容具有时代性、新颖性和前瞻性，从而培育出能适应未来社会发展需求的高素质人才。政治教育的内容就是用中国特色社会主义理论的最新成果来武装大学生的头脑，当前就是要对大学生实施社会主义核心价值观教育。在知识经济时代以及全球化趋势日益加强的背景下，一个国家综合实力的提升在很大程度上依赖于创新型人才的培养。因此，高校思想政治教育工作者要特别重视培养大学生的国际视野和创新意识，使大学生的知识结构与理论素养能够适应全球化和新媒体时代经济发展的需要。随着社会主义市场经济的快速发展，中国的改革开放已经进入深水区，因而在道德教育的过程中，必须注重公平与合理等社会主义市场经济价值观的理念教育，教育大学生正确认识和处理竞争与合作、效率与公平、自律与他律的关系，引导大学生在参与市场竞争的过程中实现自己的价值、维护自己的合法利益、树立正确的利益观，教育大学生在追求个人利益的同时，不应损害他人的合法利益，尤其要加强对大学生的社会主义核心价值观教育。

3. 教育内容要有针对性

高校思想政治教育必须与当前的社会经济发展趋势相适应，这样才能不断增强其针对性和实效性。在实施思想政治教育的过程中，高校必须考虑大学生的年龄、个性特征、思想状况以及身心发展规律等情况。思想政治教育的内容还要反映大学生的实际生活，适应大学生的实际思想道德状况，考虑大学生思想道德品质形成与发展的客观规律。高校应根据大学生自身的思想状况、实际需求以及对社会经济未来发展的预测来确定思想政治教育的内容，从而不断提高高校思想政治教育的针对性和实效性。要增强高校思想政治教育的针对性和实效性，就必须认识和理解大学生思想状况之间存在的差异。而要想了解和掌握大学生思想状况之间的实际差异，我们在进行思想政治教育的过程中，就必须区分和认识不同时代、不同大学生群体之间的差异。①大学生所处的时代不同，他们的思想状况、利益诉求、政治诉求也必然存在明显的差异。比如，对于计划经济时代的大学生而言，其价值诉求和利益诉求比较单一，而现代大学生处于信息时代，网络技术的便捷性、开放性必然对其思想状况产生了巨大的影响，大学生的思想诉求与政治诉求日益多元化。②即便处于同一时代，每个大学生也是不一样的，学习经历、社会背景、家庭经历以及性格体质的差异，导致每一个大学生的思想状况是不同的。③同一个大学生在社会经济发展的不同时代，其政治诉求、利益诉求也是不一样的。因为大学生在思想状况方面存在差异，所以在实施思想政治教育的过程中，务必以大学生的不同思想需求和思想实际为依据来制定思想政治教育的具体内容，同时还应充分考虑社会经济发展的需要，只有将大学生思想的主观差异和社会发展的客观现实结合起来，制定出更加科学合理的思想政治教育内容，使思想政治教育的具体内容能够体现时代性与层次性，才能够使思想政治教育的针对性和实效性得到显著增强。

（三）实现大学生全面发展的思想政治教育方法

要提高思想政治教育的针对性和实效性，就一定要以实现大学生的全面发展为立足点来选择和确定思想政治教育的方法，通过运用正确的思想政治教育方法来增加思想政治教育的技术含量。

1. 从单向灌输向双向交流转变，注重教育的互动性

要提高思想政治教育的实效性，就必须改变单向灌输的教育方式，调动教育者与被教育者的积极性，注重教育的互动性。单向灌输的教育方法是传统思想政治教育的主要方法与基本模式，重视教育者的主体性，而忽视了受教育者的主动性。强制性和单向性是单向灌输教育模式的基本特征。强制性意味着突出教育者的主导性地位和受教育者的接受性地位，也意味着受教育者与教育者的不对等地位与不平等关系；单向性也意味着突出教育者的主导性地位，教育者按照教育目标对受教育者实施教育，受教育者具有被动性和服从性。这意味着实施思想政治教育的主体是教育者，受教育者只是教育活动的接受者与被改造者；重点突出了教育者的权威性与主动性，而忽视和抑制了受教育者的主动性、主体性，更没有考虑到受教育者的兴趣爱好和个体差异。单向灌输教育模式的强制性容易导致受教育者的逆反心理和对抗情绪，这也是导致传统思想政治教育无法收到理想效果的根本原因。因而在开展思想政治教育的过程中，必须立足于实现大学生的全面自由发展，全面贯彻以人为本的教育方针，改变传统的单向灌输的教育模式，提高受教育者的积极性和主动性，增强教育者和受教育者之间的互动，以切实提高思想政治教育的针对性和实效性。

2. 把教育与自我教育结合起来，注重教育的自我性

要提高思想政治教育的实效性，就必须引导受教育者把教育与自我教育结

合起来，发挥受教育者的积极性和主动性。教育指的是在思想政治教育的实施过程中，教育者通过特定的方法、手段、载体，用自己的言行把特定的政治观点、思想内容和道德规范转化为受教育者的自觉行动的实践活动。教育是教育者对受教育者实施思想政治教育的主要途径。而自我教育是指引导教育对象通过特定的活动、载体、手段进行自我学习、自我教育，受教育者通过自我学习接受先进的知识与思想体系，克服自身的错误意识与不良习惯，不断完善自身的品德修养与个性特征的自我修养过程。自我教育的特点是引导和启发受教育者的主动性与自觉性，充分体现了大学生全面自由发展的理念，在实现全面发展的过程中将学习教育和自我教育结合起来。在实施思想政治教育时，务必着力发挥教育者的前瞻性与主动性以及受教育者的积极性与能动性，把学习教育和自我教育有机统一到思想政治教育活动之中。

教育与自我教育是思想政治教育不同教育模式的两个方面，二者是密切联系、互相促进的关系。一方面，大学生思想政治素质的发展离不开家庭、学校和社会的熏陶与教育。另一方面，思想政治教育的成效必然会在大学生自身思想发展的过程中有所体现，大学生的思想成长过程本身就是一个矛盾发展的过程。教育和自我教育分别是促进大学生思想政治素质发展的外在因素和内在因素，在提高大学生思想政治素质方面都起着至关重要的作用。中国自古就有重视道德教育的优良传统，注重外在的社会教化对提升个人的道德品质的作用，同时也注重个人道德修养的内在功能。中国共产党多年的思想政治教育实践说明，人民群众的思想政治觉悟离不开党组织多年的培养与教育，但人民群众的自我教育、自我反省是形成良好道德品质的主要途径。

在思想政治教育实施的过程中，必须采用教育与自我教育有机结合的模式，既要强化以理论教育为主的学校教育，又要充分调动大学生的积极性和主动性，引导大学生不断进行自我反省与道德教育，注重从内在与外在两种路径出发，以实现思想政治教育的预期目标，提高思想政治教育的实效性。在思想政治教育的具体实践过程中，要建立教育者与受教育者之间平等协调、相互尊重、互动交往的新型师生关系，通过双方的良性互动和积极参与，调动双方的积极性，以确保预期教育目标的实现。教育者务必采取有效的措施，调动大学生的积极性和主动性，培养大学生对思想政治教育的参与意识和热情，让大学生在教育实践中自我反省、自我砥砺、自我教育，从而不断提高自身的道德修养与思想政治素质。

3. 把显性教育与隐性教育结合起来，注重教育的渗透性

要提高思想政治教育的实效性，就必须在思想政治教育实施的过程中将显性教育与隐性教育两种教育方式结合在一起，提高思想政治教育的渗透性。显性教育是能够让受教育者明显感受到教育目标的教育方法，如高校思想政治理论课、就业政策指导课、报告会等都是显性教育。它的特点是理论系统化、观点科学化，可以把教育内容直接传授给受教育者。而隐性教育则是在思想政治教育实施的过程中，教育者的教育目标、教育内容不容易被受教育者感受到的教育方法。隐性教育的形式多样，广泛应用于大学生思想政治教育的各项活动中，它既可以是随意性的谈话教育，也可以是有目的的情境教育，还可以是在特定文化氛围与环境中开展的教育。它的优点是能够产生潜移默化的教育功能，可以使受教育者在愉快的氛围中接受思想政治教育，避免受教育者产生逆反心理，不仅增强了思想政治教育对大学生的吸引力，而且拓展了大学生思想政治教育的时空范围。

4. 把理论教育与实践教育结合起来，注重教育的实践性

要增强思想政治教育的实效性，就必须在教育的过程中，把理论教育与实践教育全面结合起来，提高思想政治教育的实践性。思想政治教育是指教育者通过一定的方法与载体，引导受教育者认识自然、认识社会、认识他人、认识自我，并在这一过程中进行理论学习和实践教育活动，不断形成正确的思想认识和理论观点，从而不断提高自身的思想政治素质的过程。我们在实施思想政治教育的过程中，必须坚持对大学生进行理论教育，用中国特色社会主义理论武装大学生的头脑，从大学生的实际思想状况出发，实施有针对性的符合大学生特点的思想政治教育活动。在实施思想政治教育的过程中，要坚持对大学生进行社会主义核心价值观教育，并且坚持理论联系实际的原则，实施灵活多样、丰富多彩的社会实践教育，在社会实践活动中，引导大学生提高思想认识和政治觉悟，实现知行统一的目标，从而增强思想政治教育的实践性。①要强化思想政治教育阵地的主渠道作用。要加强高校思想政治理论课建设，发挥好课堂教学的主渠道作用。要依据思想政治教育的目标开展思想政治教育，按照党和国家的有关教育方针，有目的、有计划、有针对性地对大学生实施中国特色社会主义理论教育，引导大学生践行社会主义核心价值观，用先进的理论武装大学生的头脑，坚持用中国的优秀传统文化教育大学生，引导和帮助大学生树立正确的世界观和人生观，引导大学生在实现中华民族伟大复兴的中国梦的社会

实践中磨炼意志品质。②要坚持理论与实践并重的原则。不仅要重视思想政治理论教育，还要积极开展符合大学生身心健康发展规律的社会实践教育，提高教育的实践性。这是因为只重视理论教育而忽视实践教育，是无法实现高校思想政治教育的目的的。理论来源于社会实践，又应用于社会实践，只有引导大学生参加各种社会实践活动，才能使大学生在社会实践中强化对理论教育的认识，让大学生亲自体会、感悟，真正地融入社会，才能使大学生认识到理论的科学性和价值性，才能更好地实现思想政治教育的预期目标，使大学生在社会实践中提高思想道德品质和认识能力。在对大学生进行思想政治教育的过程中，教师必须根据社会经济发展的实际和大学生思想道德发展的实际来设计教学内容与教学方案，要使教育内容贴近大学生的日常生活，要敢于直面当前经济和社会发展中的现实问题、敏感问题、复杂问题。在实施社会实践教育的过程中，千万不要搞形式主义、急功近利，要真抓实干、实事求是，真正发挥出实践教育在思想政治教育过程中的重要作用，增强思想政治教育的针对性与实效性。

5. 把说理教育和情感教育结合起来，注重教育的情感性

在思想政治教育实施的过程中，必须重视情感教育的作用。在思想政治教育的具体实践中，首先必须向学生清晰地传达思想政治教育的内容。要增强思想政治教育的实效性，就必须保证教育内容的理论性、科学性与真理性；只有确保理论的科学性、系统性和规范性，才能在教育的过程中达到以理服人的目标。思想政治教育的具体实践说明，思想政治教育是以中国的优秀传统文化和中国特色社会主义理论为指导和核心的科学的、革命的理论学说。思想政治教育就是要用在全面建设小康社会的实践中的最新理论成果，用中国特色社会主义理论来武装大学生的头脑，用社会主义先进文化感染、教育学生，对大学生进行社会主义核心价值观的正面宣传教育，达到以理服人的教育目标。当前，知识经济迅速发展，全球化进程日益加深，各种社会思潮在社会上广泛传播，教育工作者一定要将思想政治教育的具体实践与当前社会发展的实际情况结合起来，摆事实、讲道理，引导学生在社会实践中学习真理、巩固真理性认识，教会学生明辨是非，自觉抵制错误思想的侵蚀，选择正确的思想理论与价值观。这不仅是在思想政治教育的过程中贯彻以人为本的教育理念的要求，也是立足于实现人的全面发展的目标的基础之上的。这是教育工作者的一项重要社会责任。在实施思想政治理论教育的过程中，期待学生掌握全部理论是不符合实际的，必须引导学生掌握理论的精髓，可以采用举一反三的教学方法，引导学生将所学知识运用到社会实践中去，注重思想政治教育的情感性，从而增强思想

政治教育理论的说服性，这既是理论的真理性所在，也是让受教育者受益终身的事情。

二、创建以人为本的教育环境

思想政治教育环境是确保实现思想政治教育目标的关键因素。提高思想政治教育的针对性与实效性，必须立足于实现大学生的全面发展的目标，贯彻以人为本的教育理念，积极营造以人为本的思想政治教育环境。

（一）营造以人为本的育人环境

马克思认为，"人创造环境，同样，环境也创造人"。环境对大学生思想政治素质的形成具有潜移默化的作用，现代人的思想政治觉悟、道德品质和社会价值观都是在社会环境与其他社会因素的共同作用下形成的。

和谐有序、健康向上的思想政治教育环境对人思想道德品质的形成具有导向、激励和感染作用。因此，在实施思想政治教育的过程中，要重视发挥思想政治教育环境对实现思想政治教育目标的重要作用，以实现大学生全面自由发展为教育目标，营造以人为本的思想政治教育环境，建立以人为本的思想政治教育体系，确保实现思想政治教育的预期目标。

（二）打造优秀校园文化

校园文化不仅是思想政治教育环境的重要组成部分，而且是确保思想政治教育取得成效的关键环节和重要因素。学校应根据社会经济发展的需求，从各个层面宣传人类优秀传统文化，创设为全体师生共同享受的校园文化，营造能够促进社会发展进步和有利于实施思想道德教育的文化环境。①校园文化能够体现大学文化与大学精神的实质，这种大学精神展现了人类优秀传统文化的精神实质，促进了文化的传承与创新。这种校园文化氛围有利于我们传承创新知识与科学文化，有利于传承社会美德与时代价值观。现代校园文化能够继承并创新人类优秀传统文化与现代文化，形成以现代科学精神为核心的大学精神。②校园文化是高校师生在学校各个层面的创新活动和创造成果表现出来的大学精神及其赖以生存发展的环境。校园的建筑设施、教学设施、规章制度、人文环境都应该体现出人类文明的进取精神与科学精神。

在实施思想政治教育的过程中，我们必须打造能够体现社会主义核心价值观、反映中国社会主义建设新成果的具有学校特色的校园文化，通过管理育人、制度育人、全员育人的教育模式，在全校形成良好的校风、班风和学风，从而有效增强高校思想政治教育的实效性。大学文化具有普遍性、直观性、形象性、感染性等基本特征，能够使大学生在积极向上、健康科学的文化环境中受到熏陶，能够让大学生在心灵上受到震撼。教师要有针对性地实施思想政治教育，努力营造健康向上的校园文化氛围，引导学生进行自我教育、自我完善。科学健康的校园文化有助于营造良好的高校思想政治教育环境，易于形成良好的学风和校风，形成有利于思想政治教育和谐发展和大学生健康发展的良好舆论氛围，使更多的学生受到校园文化的熏陶，促使更多的大学生积极参与校园文化的建设。学校应开展丰富多彩、积极向上的学术、科技、体育、文艺和娱乐活动，把德育和智育、美育、体育有机结合起来，寓教育于文化活动中。积极、健康、和谐的校园文化的打造，是实施高校思想政治工作的重要环节、有效途径。要打造和谐有序、健康向上的校园文化，就必须全面贯彻以人为本的教育方针，立足于实现大学生的全面健康发展的目标，下大功夫建设优良的学风和班风。思想政治教育工作者应根据学校的办学历史与人文精神，设计具有学校特色的校训、校歌、校徽；完善开学、毕业、宣誓等相关仪式，切实营造全员育人的文化氛围。优良的班风、学风一旦形成，就能够促进大学生的自我教育与自我发展，进而实现大学生的全面自由的发展。整洁优雅的校园环境有利于大学生陶冶情操、净化心灵，能够使大学生更加热爱学校、热爱生活。优质的校园文化是高校思想政治教育环境的重要组成部分，也是确保大学生思想政治教育实效性的重要因素。

（三）创建平安健康校园

良好健康、积极向上的校园舆论环境可以提高大学生思想政治教育的实效性，能够有效避免大学生思想状态发展的反复性，有利于更好地实现思想政治教育的预期目标。舆论环境是指在一定的社会空间中形成的人们关于某一观念、认识、情感和意志的舆论氛围。大学生思想政治教育的具体实践与活动都和一定的舆论环境密切相关，与教育目标协调一致的舆论环境有利于实现思想政治教育的预期目标。良好的舆论环境不仅是确保高校思想政治教育效果的外在因素，也是提高高校思想政治教育实效性的有力保证。

建设和谐健康的校园舆论环境，要求高校的理论宣传工作者坚持正确的舆论导向，不断宣传社会主义核心价值观和社会主义先进文化，避免错误的舆论对大学生价值观产生的误导作用。①要在全校营造有利于全面推进和谐社会建设与实现中华民族伟大复兴中国梦的舆论环境；营造有利于继续深化改革的舆论氛围；营造有利于推进社会主义先进文化建设和实现中国传统文化复兴的舆论氛围；营造有利于激励大学生为全面建成小康社会而努力奋斗的舆论氛围；

营造有利于大学生践行社会主义核心价值观，弘扬中华民族传统美德的舆论氛围；营造有利于实现民族团结、平等互助、社会和谐、实现国家繁荣发展的舆论氛围。②要加强社会主义核心价值观教育，强化理论的正面教育功能，用先进事迹鼓舞人、教育人。要充分认识大学生的思想现状以及精神需求，设计、安排有关大学生全面健康发展的专栏，创作和宣传大学生喜闻乐见的优秀作品，强化有利于大学生树立社会主义核心价值观的正能量教育，通过宣传大学生身边的先进人物、事迹及思想行为来教育引导大学生，从而促进大学生思想认识、道德品质与政治素养的提高。③要正确看待新媒体技术在大学生成长中所起的作用。一方面，要充分利用新媒体技术，不断提高大学生思想政治教育的技术含量，拓展思想政治教育的时空距离；另一方面，在运用新媒体技术加强大学生思想政治教育的同时，要加强校园网络文化建设，强化对学校网络体系的监督与管理，避免大学生受到各种西方文化与不良社会思潮的消极影响，营造健康向上的高校思想政治教育网络舆论环境。

（四）创设稳定的校园周边环境

校园周边环境是思想政治教育环境的重要组成部分，良好的校园周边环境可以有效增强高校思想政治教育的实效性。良好稳定的校园周边环境有利于大学生形成良好的生活习惯和积极向上的道德品质，中国传统文化中"孟母三迁"的故事就向我们展示了良好的周边环境对人良好道德品质的养成以及健康成长的积极作用。我们要通过法律手段来强化对学校周边文化、娱乐、商业经营活动的管理，坚决取缔扰乱学校正常教学、生活秩序的营利性娱乐场所，依法打击各种犯罪行为，及时处理侵害学生合法权益、身心健康的事件，及时制止影响学校和谐运行和稳定发展的恶性事件的发生。校园周边环境与大学生日常学习、生活紧密相关，校园周边环境是否良好将直接影响到大学生的健康成长。

三、建立健全以人为本的思想政治教育管理体制

马克思在《资本论》中指出："一切规模较大的直接社会劳动或共同劳动，都或多或少地需要指挥，以协调个人的活动，并执行生产总体劳动——不同于这一总体的独立器官的运动——所产生的各种一般职能。一个单独的提琴手是自己指挥自己，一个乐队就需要一个乐队指挥。"（《资本论》，第1卷，第367页）由此可知，管理作为人类社会特有的社会现象，也是人类能够实现自身生存发展的必要条件。思想政治教育管理可以确保思想政治教育具备科学性与规范性。思想政治教育的管理者和决策机构通过计划组织、教育管理、控制

评价、科学决策等手段对思想政治教育活动的实施进行管控，通过思想政治教育管理确保思想政治教育的和谐运行以及思想政治教育目标的实现。在思想政治教育的实施过程中，思想政治教育管理者凭借自身的地位、权力、知识素养和信誉对受教育者的思想和行为施加影响，使受教育者能够按照管理者的意图去参与思想政治教育实践活动。但受教育者在接受管理者的行为影响时不是被动的、消极的，而是用他自己的价值观念、思维方式和道德标准来分析与评价，最后决定自己的态度和行为。因此，只有在思想政治教育管理的过程中贯彻马克思人的全面发展理论，贯彻以人为本的教育方针，启发受教育者的主体意识，强化对受教育者的尊重意识，才能增强高校思想政治教育的科学性和规范性，将服务育人的教育理念落实到思想政治教育的过程之中。

（一）增强尊重意识

在思想政治教育管理过程中，管理者要尊重受教育者的人格，满足他们的思想需要和服务需要。现代科学研究证明，当一个人受到他人的关怀与敬重时，他会产生强烈的认同感与归属感和幸福感。在大学生思想政治教育的过程中，强化对大学生的尊重意识，可以增强大学生对思想政治教育内容的认同感和归属感，有效提高大学生的主体性和主动性，使大学生主动参与到思想政治教育过程中。大学生作为思想政治教育实施的目标对象，以及思想政治教育管理过程中的重要一极，有权对思想政治教育的实施过程提出建议与参考意见，有权选择相关的教育内容和教育方法，并做出接受与拒绝的决定。虽然大学生对思想政治教育实施情况的反映不一定是正确的，但教育者必须倾听受教育者的建议与要求。只有尊重受教育者的要求，并对受教育者的要求与反映做出科学合理的解释，才能使受教育者心悦诚服地接受思想政治教育内容，进而增强思想政治教育的实效性。所以思想政治教育管理者在实施思想政治教育时应该引导受教育者主动参与管理思想政治教育的各项具体实践活动，增强大学生自我教育、自我管理和自我约束的意识，将思想政治教育管理工作由"要我做"转变为"我要做"。

（二）落实服务理念

思想政治教育工作者要全面贯彻以人为本的教育理念，通过人性化的管理，让大学生体会到思想政治教育提供的服务，通过增强对大学生的人文关怀，提高其进行自我教育的积极性和主动性，进而使高校思想政治教育的针对性与实效性得以提高。就思想政治教育的具体实践来说，思想政治教育管理者要在学习、日常生活、心理教育、社会实践、就业指导等方面为大学生提供人性化的服务，使每项教育服务措施真正落实到位，让学生感受到思想政治教育管理者的人文关怀。思想政治教育管理者还要关注大学生在日常学习过程中遇到的问题，从有利于学生学习进步的角度出发，在课程学习、专业知识学习、创新意识等方面为学生提供人性化的指导，培养和提高大学生的参与意识和创新意识，引导和鼓励大学生通过自我教育提高自身的综合素质。首先，在日常生活方面，关注学生的社会适应问题，在生活上、思想上真正关心学生，尤其是在学生管理服务过程中，应遵循公平、公正、公开的原则，让每一个学生都公平地享受到国家的资助政策。要完善大学生的资助管理政策，进一步完善"奖、贷、助、补、减"的大学生资助体系，切实发挥资助育人、管理育人的教育功能。其次，在心理健康教育方面，要在进行思想政治教育的具体过程中，关注和了解大学生的心理健康状况，通过开设心理健康教育的相关课程，举办心理咨询、心理健康知识讲座等活动，不断提高大学生的心理健康素质，完善大学生心理问题干预和应急机制；要加强对学生的人文关怀，及时发现并解决大学生日常生活中的情感问题，提高大学生的抗挫折能力以及心理适应能力。再次，在社会实践活动方面，要立足于实现大学生的全面健康发展，加强对学生社团与学生组织的引导和管理，建立健全有助于大学生素质拓展的核心评价体系，使大学生通过"三下乡""服务西部计划"等社会实践活动感受到我国自改革开放以来所取得的巨大成果，也让学生感受到中国各个地区发展的实际情况，提高大学生的社会责任感与使命意识。最后，在大学生就业指导方面，应根据大学生的心理需求，开设就业指导课，加强就业信息网络建设，拓展大学生的就业渠道，开展大学生创业教育，将大学生的就业指导教育贯穿于思想政治教育的每一个环节中。

随着社会经济的不断发展，社会环境日新月异，社会上的各种消极因素必然对大学生的健康成长造成负面影响。人的思想的成长具有反复性，思想政治教育同样具有反复性。要提高思想政治教育的实效性，就必须采用多种教育手段和教育方法来巩固思想政治教育的效果。社会环境的复杂性和综合性要求教育工作者立足于实现大学生全面健康发展的目标，辩证地分析社会经济发展与时代进步对思想政治教育产生的影响，积极采用现代科学技术手段，提高思想政治教育的技术含量，选择一种或多种教育方法与教育载体，在实施的过程中综合协调，全面贯彻以人为本的教育理念，只有全面地、科学地实施思想政治教育，才能使高校思想政治教育全面贴近大学生、更加符合大学生的思想发展规律，真正使高校思想政治教育的针对性与实效性得到增强，从而确保大学生全面发展目标的实现。

第三节 基于全面发展理论的高校思想政治教育实现途径

一、注重教育方法创新

（一）改造传统方法

高校思想政治教育中存在一味灌输的现象，忽视了教育对象主体作用的发挥，所以高校思想政治教育工作者应积极培养大学生的主体个性与主体精神，塑造大学生的主体人格。在进行思想政治教育时，必须变单向灌输为双向交流，变结论灌输为过程训练，变"以教师、教材、课堂为中心"为"以学生、情景、活动为中心"；更多地运用交互式、体验式、渗透式和咨询式的教育方法，给学生提供独立感知、自主思考、主动体验、积极探索的空间，让学生成为思想政治教育的参与者、体验者和探究者。

（二）更新教育手段

高校思想政治教育必须采用多种教育手段，形成教育合力，这样才能更好地促进大学生的发展。高校思想政治教育工作者要利用一切可以利用的手段，通过板报、画廊、广播、电视、网络等多种形式，营造良好的思想政治教育环境，以增强思想政治教育的感染力和影响力。思政教育工作者要积极创新、与时俱进，探索新方法、新手段；要重视引导学生通过体验、思考、自励、自省等自我教育的方式把自我的感受、体验上升为做人的道理，转化为追求真善美的内在动力。

（三）坚持理论与实践相结合的原则

高校思想政治教育工作者既要重视理论教育，又要重视实践环节，努力把教育和实践结合起来。①要将大学生的社会实践活动纳入工作计划中，对教育活动提出明确要求，增强计划性，减少随意性，要构建更加宽广的社会活动平台、采取多元化的社会考察形式，充分利用所在地的教育资源优势，突出地方经济、政治和文化建设的成就，呈现地方特色，为社会实践活动提供必要的物质保障，保证社会实践活动有条不紊地进行。②要引导学生积极投身社会实践中，鼓励学生参加公益劳动、社会调查、社会服务、勤工助学等各种社会实践活动，使学生在实践中增强社会责任感和历史使命感，形成正确的价值观，在实践中磨炼意志、拓展能力，获得工作经验和实际工作能力；要提升学生的就业意识和就业能力，使学生在实践中形成符合社会要求的心理品质，发展和完善人格，实现从自然人向社会人的转变，使学生在实践中发挥自己的自主性和创造性，充分地发展自己的个性。

二、着力营造教育环境

要建立与大学生全面发展相衔接、与大学生成长成才相适应的工作机制，就要整合高校思想政治教育的社会力量，为大学生全面发展营造和谐的氛围。中共中央、国务院下发的《关于进一步加强和改进大学生思想政治教育的意见》，十分强调大学生思想政治教育的系统性和综合性，强调良好环境的营造对于大学生成长成才的重要性，为大学生思想政治教育指明了方向。

（一）对接家庭环境

父母是子女的第一任教师。家庭环境不仅影响子女的个性发展，而且对子女的世界观、人生观、价值观的形成和确立都起着重要作用。因此，高校思想政治教育工作者要根据不同家庭中父母对子女的教育情况，探索建立与家庭相沟通的机制，积极地同家长沟通和交流。

（二）优化校园环境

大学校园为大学生个性的发展提供了广阔的空间，为他们挖掘自身潜能创造了条件。高校应遵循优化原则，营造良好的育人环境。

①坚持依法治校，建立和完善相关的规章制度，对制度的施行进行严格管理，使学校的治理更加法制化、科学化、制度化，规范和约束高校管理者的行为，培养学生的法律意识，增强学生的法治观念，使学生形成遵纪守法的良好习惯。这既是创建和谐校园的根本保证，也是大学生全面发展的应有之义。②坚持民主管理原则，要充分发挥学生会等社团组织在大学生工作中的桥梁和纽带作用，维护好广大学生的根本利益，保护好其积极性，发挥好其聪明才智和潜能，使学生的主体作用得到有效的发挥。③培育大学精神。大学精神是大学文化的精髓与灵魂之所在，大学精神会不断地浸透到大学文化的行为主体和各种文化载体中，以其特有的导向、凝聚、激励、塑造等功能，在大学发展和人才培养中发挥重要作用。

（三）融合社会环境

高校思想政治教育工作仅靠家庭、学校或社会中一方的努力是难以很好地完成的，我们必须重视三者的合力作用，依靠全社会的力量，营造积极向上、健康文明的社会环境，以全面地促进大学生的发展。

1. 积极宣传社区主流文化

大学生的"三下乡"活动为农村、社区送来了科技和文化，同时也使大学生自身的思想政治觉悟得到了很大的提升。这些活动使学生真真切切地感受到了农民的辛苦，也了解到了农村的真实面貌，为他们发奋图强、报效祖国打下了坚实的情感基础，这也正是"三下乡"活动的意义之所在。

2. 鼓励大学生奉献爱心、回报社会

在学生中积极开展"青年志愿者服务日"活动，带领大学生到孤儿院、养老院等地方，为孤儿和老人送去温暖，送去自己的爱心。鼓励大学生到附近的社区、街道等开展义工活动，服务社会，服务群众，共同构建和谐社会。学校要通过多姿多彩的社会文化活动，鼓励大学生接触社会、关心社会、奉献社会，提升他们的整体素质和文化素养。

三、打造教育团队

加强高校思想政治教育队伍建设是改进和加强高校思想政治教育，实现大学生全面发展的重要保证。我们应根据新形势下改进和加强高校思想政治教育工作的需要，按照提高素质、优化结构、保持教师队伍的相对稳定性的要求，加强思政队伍建设，提升教师的人格魅力。

（一）加强思政工作队伍建设

要注意选拔一批德才兼备的年轻干部，以充实高校思想政治教育工作队伍的力量，并针对思想政治教育队伍的现状，制订培训计划，加大培训力度，为高校思想政治教育工作人员创造良好的学习环境。通过多种途径，使他们的知识不断得到更新，理论水平和业务能力不断得到提高，使其能够运用现代的思维方式和工作方法做好本职工作。此外，还要修订有关制度和办法，逐步完善思想政治工作激励机制，努力建设一支政治强、业务精、作风正的高校思政队伍。

（二）抓好特色教育团队组建工作

高校思想政治理论课是高校思想政治工作的主阵地，是帮助大学生树立正确的世界观、人生观和价值观的重要途径。高校必须在依靠思想政治理论课教师队伍的基础上，建设一支高水平的思想政治工作教育教学团队，这对于培养

合格的中国特色社会主义事业接班人意义重大。大学生是社会成员中知识层次较高的青年群体，要促进大学生的全面发展，思想政治教育组织者就要与时俱进，结合各高校实际，把握大学生特点，组建一支具有特色的教育教学团队，使教师始终走在时代的前沿，不断研究新情况，阐释新问题，做出新概括，讲出新东西。

（三）提升教育者的人格魅力

教师要以自身的人格魅力，促进学生健全人格的形成。思想政治工作者与政治理论课教师要充分利用"春风化雨"的育人优势，在"传道、授业、解惑"中影响学生的思想，提升学生的道德人格境界，要以自己的人格魅力感化学生，通过言传身教来感染和引导学生。思想政治工作干部和政治理论课教师要主动适应社会发展的要求、新时代人才培养的要求、高等教育改革的要求和培养中国特色社会主义事业接班人的要求，根据当代大学生身心发展特点，转换角色，把握规律，从自身做起，提升自身的人格魅力，由传统教育的"传道、授业、解惑"者转化为能够促进学生全面发展的引路人、示范人、参与人。

第四章 大学生创新创业教育理论综合认知

第一节 创新创业基础概念界定

一、创新的内涵

（一）创新的概念分析

创新一词起源于拉丁语，有三层含义：一是更新；二是创造新的东西；三是改变。创新是以现有的思维模式提出异于常规或常人思路的见解，或利用现有的知识和物质材料，在特定的环境中，本着理想化需要或为满足社会需求，而改进或创造新的事物、方法、元素、路径、环境，并能获得一定有益效果的行为过程。

按照管理大师熊彼特的理论，创新是生产要素的重新组合，包括五个方面的内容：①引进一种新产品；②采用新的生产方式；③开辟新的市场；④开辟和利用新的原材料；⑤采用新的组织形式。

（二）创新的分类

提起创新，人们往往会联想到技术创新和产品创新，其实创新远不止这些。创新主要分为以下几种。

第一，思维创新。这是一切创新的前提，任何人都不要封闭自己的思维，不要形成思维定式，这会严重阻碍创新的实现。公司不断招募新的人才的重要原因之一就是期望其带来新观念、新思维，不断创新。国外建立思维空间站的目的是对人们进行思维创新训练。

第二，产品（服务）创新。对于工业企业来说，主要是产品创新；对于金融服务业而言，主要是服务创新。手机的更新、演变过程告诉我们产品可以在较短的时间内实现更新、升级。

第三，技术创新。对一个企业而言，技术创新不仅指商业性地应用自主创新的技术的过程，还可以是创造性地应用合法取得的新技术或已进入公共领域的技术打造市场优势的过程。沃尔玛通过卫星传播可以同时对所有员工做培训，每一家分店都与设在阿肯色州的总部相连，分店的温度、销售业绩、顾客的停留时间、购买行为模式等信息统统汇集到总部。沃尔玛还是世界上第一家使用条形码即通用产品码技术的折扣零售商。

第四，组织与制度创新。组织与制度创新主要有三种：①以组织结构为重点的变革和创新，如重新划分部门或合并部门、流程改造、调整岗位和岗位职责、调整管理制度；②以人为重点的变革和创新，即改变员工的观念和态度，如知识的变革、态度的变革、个人行为乃至整个群体行为的变革；③以任务和技术为重点的变革和创新，如设备更新、技术创新。

第五，管理创新。世上没有一成不变的管理理论和方法，管理会随着环境的变化而变化。英特尔前总裁葛洛夫的管理创新如下：①产出导向管理，产出不限于工程师和工程工人，也适用于行政人员及管理人员；②在英特尔，工作人员不只对上司负责，也对同事负责，这有利于密切主管与员工的关系。也有人把管理创新划入组织与制度创新之中。

第六，营销创新。营销创新指营销策略、渠道、方法、广告促销策划方面的创新。

第七，文化创新。文化创新指企业文化的创新。

（三）创新的原则

创新的原则就是开展创新活动所依据的法则。

1.科学原理原则

创新必须遵循科学技术原理，不得违科学发展规律；任何违背科学技术原理的创新都是不能获得成功的。为了使创新活动取得成功，在进行创新构思时，必须做到以下几点。

（1）进行科学原理相容性检查

创新的设想在转化为成果之前，应该先进行科学原理相容性检查。如果关于某一创新问题的初步设想，与人们已经发现并经实践检验证明的科学原理不相容，我们就不会获得最后的创新成果。因此，与科学原理是否相容是检查创新设想有无生命力的根本标准。

（2）进行技术方法可行性检查

任何事物的发展都会受到现有条件的制约。在将设想转变为成果时，还必须对技术方法进行可行性检查。如果设想所需要的条件超过现有技术方法的可行性范围，则在目前该设想还只能是一种空想。

（3）进行功能方案合理性检查

对于任何一个创新产品来讲，其在功能上都会有所创新或有所增强。一个设想的功能体系是否合理，将关系到该设想是否具有推广、应用的价值。因此，必须对其合理性进行检查。

2. 市场评价原则

创新要获得最后的成果，就必须经受市场的严峻考验。爱迪生曾说："我不打算发明任何卖不出去的东西，因为不能卖出去的东西都没有达到成功的顶点。能销售出去就证明了它的实用性，而实用性就是成功。"

创新产品要经受市场的考验，在实现商品化和市场化要按市场化的过程中应按照评价的原则来对产品进行分析。在进行市场评价时，应把握住评价事物使用性能最基本的几个方面，然后在此基础上得出结论：①解决问题的迫切程度；②功能结构的优化程度；③使用操作的可靠程度；④维修保养的方便程度；⑤美化生活的美学程度。

3. 相对较优原则

创新产物不可能十全十美。在创新过程中，利用创造原理和方法，可获得许多创新设想，它们各有千秋，这时，就需要按相对较优的原则，对设想进行判断和选择。

（1）从技术先进性上进行比较和选择

可从创新设想或成果的技术先进性上进行各自之间的分析比较，尤其是应将创新设想与解决同样问题的已有技术手段进行比较，看谁领先和超前。

（2）从经济合理性上进行比较和选择

经济的合理性也是评价和判断一项创新成果的重要因素。所以，我们应对各种设想的可能情况进行比较，看谁更加合理。

（3）从整体效果上进行比较和选择

创新成果的使用价值和产品创新水平主要是通过它的整体效果来呈现的。因此，我们要对它们的整体效果进行比较，看谁更先进、科技含量更高。

4. 机理简单原则

为使创新的设想或结果更符合机理简单的原则，我们可进行如下检查：①新事物所依据的原理是否重叠、是否超出了应有范围；②新事物所拥有的结构是否复杂、是否超出了应有程度；③新事物所具备的功能是否冗余、是否超出了应有数量。

5. 构思独特原则

创新贵在独特，创新也需要独特。在创新活动中，对于创新对象是否具有独特性，我们可以从以下几个方面来考察：①创新构思的新颖性；②创新构思的开创性；③创新构思的特色性。

6. 不轻易否定，不简单比较原则

在分析、评判各种产品创新方案时我们应避免产生轻易否定的倾向。在飞机发明之前，科学界曾从"理论"上对这一创新设想进行了否定的论证；过去也曾有权威人士断言，无线电波不可能沿着地球曲面传播，无法成为通信手段。显然，这些结论都是错误的，这些不恰当的"否定"之所以出现是由于人们运用了错误的"理论"来评判创新产品；而更多的不应该出现的错误"否定"，则是由于人们的主观武断造成的，是由于人们给某项发明规定了若干用常规思维分析证明所无法达到的技术手段的错误评判结果所导致的。

在避免轻易否定倾向的同时，还要注意不要随意在两个事物之间进行简单的比较。创新有时是非常相似的，原则上不能以简单的方式比较其优势。我们应在尽量避免盲目地、过高地估计自己设想的同时，珍惜别人的创意和构想。

（四）创新的原理

在创新活动中，创新原理是人们运用创造性思维分析和解决问题的依据，也是人们使用何种创造方法、采用何种创造手段的凭据。因此，掌握创新原理，是人们能否取得创新成果的先决条件。

1. 综合原理及组合原理

（1）综合原理

综合是在分析各个构成要素基本性质的基础上，综合其可取的部分，使综合后所形成的整体具有优化的特点和创新的特征的过程。

（2）组合原理

这是将两种或两种以上的学说、技术、产品的一部分或全部进行适当叠加和组合，用以形成新学说、新技术、新产品的创新原理。组合既可以是自然组合，也可以是人工组合。在自然界和人类社会中，组合现象是非常普遍的。

2. 分离原理及还原原理

（1）分离原理

分离原理是对某一创新对象进行科学的分解和离散，使主要问题从复杂现象中暴露出来，从而厘清创造者的思路，抓住主要矛盾的方法。分离原理提倡将事物打破并分解，它鼓励人们在发明创造过程中要冲破事物原有面貌的限制，要将研究对象予以分离，进而创造出全新的概念和全新的产品。

（2）还原原理

还原原理要求我们要善于透过现象看本质，在创新过程中，能回到设计对象的起点，抓住本质问题，将最主要的功能抽取出来并集中精力研究其实现的手段和方法，以取得创新的最佳成果。任何发明和革新都有其创新的原点。创新的原点是唯一的，我们应找到创新原点，再从创新原点出发去寻找各种解决问题的方法，用新的思想、技术、方法重新创造该事物，从本原上去解决问题，这就是还原原理的精髓所在。

3. 移植原理及换元原理

（1）移植原理

这是把一个研究对象的概念、原理和方法运用于另一个研究对象并取得创新成果的创新原理。"他山之石，可以攻玉"就是该原理的真实写照。移植原理的实质是借用已有的创新成果进行创新目标的再创造。

（2）换元原理

换元原理是指创造者在创新过程中采用替换或代换的思想或手法，使创新活动不断展开、研究不断深入的原理。在创新过程中，设计者可以有目的、有计划地去寻找替代物，找到性能更好、价格更实惠的替代品，这就是一种创新。

4. 迂回原理及递反原理

（1）迂回原理

在很多情况下，创新者会遇到许多暂时无法解决的问题。迂回原理鼓励人们开动脑筋、另辟蹊径，放弃暂时的难以克服的困难，转而开始下一步行动或开始另外的行动，带着创新活动中的这个未知问题，继续探索创新，不要钻牛角尖、走死胡同。因为有时通过解决侧面问题或外围问题及后继问题，可能会使原来的未知问题迎刃而解。

（2）逆反原理

逆反原理首先要求人们敢于并善于打破头脑中常规思维模式的束缚，对已有的理论方法、科学技术、产品实物持怀疑态度，从相反的思维方向去分析、去思索、去探求新的发明创造。人们在认识事物的过程中，习惯于从显而易见的方面去考虑问题，因而阻塞了自己的思路。如果能有意识、有目的地从非传统思维方法的角度去进行思考，则往往能获得较好的创新成果。

5. 强化原理及群体原理

（1）强化原理

强化是指在创新活动中，通过各种强化手段，使创新对象提高质量、改善性能、延长寿命、增加用途，或缩小体积、减轻重量、强化功能的过程。

（2）群体原理

大学生创新小组就是对群体原理的一种运用。科学的发展，使创新越来越需要群体智慧，要想一个人去完成像人造卫星、宇宙飞船、空间实验室和海底实验室等大型高科技项目的开发设计工作，是不可能的。这就需要创新者摆脱狭窄的专业知识范围的束缚，依靠群体的智慧、依靠科学技术的交叉渗透，使创新活动从个体劳动的圈子中解放出来，以焕发出更大的活力。

二、创业的内涵

理论界对于创业的定义仍然是仁者见仁、智者见智，具体观点如下：

第一，创业是指创立基业或创办事业，也就是自主地开拓事业、创造业绩与成就。

第二，创业是一种思考、推理和行为方式，创业者需要在方法上进行全盘考虑并拥有较强的领导能力。

第三，创业是指某个人发现某种信息、资源、机会或掌握某种技术，利用或借用相应的平台或载体，将其发现的信息、资源、机会或掌握的技术，以一定的方式转化为财富和价值，并实现某种追求或目标的过程。

第四，创业是指新企业、小型企业和家庭企业的创建和经营的过程。

三、创新与创业的关系

创新与创业是相互促进又相互制约、密不可分的辩证统一体，二者目标同向、内容同质、功能同效。一方面，创新是创业的基础。创新是对人的发展的总体把握，为创业提供了可能性和必要的准备。另一方面，创业是创新的载体和表现形式，创新只有在创业实践活动中才能有所体现，才有可能最终获得成功。创新的成效，只有通过创业实践来检验。

（一）创新是创业的源泉

创新是创业的源泉，是创业的本质，创业者通过创新可以拓宽商业视野、获取市场机遇、整合市场资源、促进企业成长。要进行创业就必须具备一定的资本，创新能力、技术、资金、创业团队、知识和社会关系等都是重要的创业资本，创新能力可以说是最重要的创业资本。创业者在创业过程中需要具有创新精神、创新意识，需要形成独特、活跃、科学的思维方式，这样才可能产生富有创意的想法或方案，才可能探索出新的思路、新的方法、新的模式、新的出路，才能最终获得创业成功。创业企业的不断发展壮大更是必须依靠持续的创新能力。纵览世界，绝大多数今天的工业巨擘在四五十年前都是名不见经传的小公司，有的甚至尚未创建，它们之所以能够获得今天的辉煌成就，根本原因就在于他们具有勇于创新、不断创新的卓越追求，从而推进了企业持续快速发展。

（二）创新的价值在于创业

从某种程度上讲，创新的价值就在于将潜在的知识、技术和市场机会转化为现实的生产力，以实现社会财富的增长、造福人类社会，否则创新也就失去了意义。实现这种转化的根本途径就是创业。通过创业可实现创新成果的商品化和产业化，可将创新的价值转化为具体、现实的社会财富。创业者可以不是创新者或发明家，但必须具有能发现潜在商业机会并敢于冒险的特质；创新者也并不一定是创业者或企业家，但科技创新成果则必须经由创业者推向市场，使其潜在价值市场化，只有这样创新成果才能转化为现实生产力。

（三）创业必然蕴含着创新

很多创业者依仗创新的产品或服务而创业，并努力将创新产品（或服务）推向市场，创造财富，造福社会。从这点看，创业实际上是一个不断挑战自我的创新过程。正如德鲁克所说："创业精神是一个创新过程，在这个过程中，新产品或服务机会被确认、被创造，最后被开发出产品并创造新的财富。"

（四）创业推动并深化创新

创业可以推动新发明、新产品和新服务的不断涌现，并创造出新的市场需求，从而进一步推动和深化科技创新，提高企业或整个国家的创新能力，推动经济的增长。

第二节 创业者素质及能力要求

一、创业者的素质

创业者的素质是指其为完成创业活动与任务所具备的基本条件和内在要素的总和，包括身体素质、心理素质、精神素质、技能素质四方面。

（一）身体素质

创业者应该具有健康的体魄和充沛的精力，能够适应新创企业外部协调和内部管理的繁重工作。创业初期是艰难的，"不劳筋骨者，不足承大任"，创业者不仅需要进行大量的脑力劳动，而且还要付出比常人多的体力劳动。创业者只有具备良好的身体素质和身体耐力，才能长期担当重任。

（二）心理素质

创业之路是充满艰险与曲折的，创业者在过程中需要面对激烈的竞争及各种问题和矛盾，这就需要创业者具有非常强的心理调控能力，能够始终保持一种积极的心态。如果一遇挫折就垂头丧气、一蹶不振，那么，其在创业的道路上是走不远的。只有具有处变不惊的良好心理素质和越挫越勇的顽强意志，才能在创业的道路上自强不息、竞争进取、顽强拼搏，才能从小到大、从无到有，闯出自己的一番事业。创业能否成功在很大程度上取决于创业者的创业心理品质如何。

（三）精神素质

1. 强烈的创业意识

要想取得创业的成功，创业者就必须具备自我实现、追求成功的强烈的创业意识。强烈的创业意识可以帮助创业者克服创业道路上的各种艰难险阻，使其将创业目标作为自己的人生奋斗目标。创业意识包括创业动机、创业兴趣和创业理想等。

第一，创业动机。创业动机是推动创业者从事创业实践活动的内部动因，是一种成就动机，是竭力追求最佳效果和优异成绩的心理动力，有了创业动机，才会有创业行为。

第二，创业兴趣。创业兴趣指创业者对从事创业实践活动的情绪和态度的认识指向，它能激发创业者的深厚情感和坚强意志，使创业意识得到进一步的升华。

第三，创业理想。创业理想是创业者对从事创业实践活动的未来奋斗目标有较为持久的向往及追求的心理品质。

2. 自信、自强、自主、自立的创业品质

自信能赋予人主动积极的人生态度和进取精神。创业者要相信自己有能力、有条件去开创自己未来的事业，相信自己能够主宰自己的命运，相信自己能够创业成功。

自强就是创业者要在自信的基础上，不贪图眼前的利益，不满足于平凡的生活，敢于实践，不断增强自己各方面的能力与才干，勇于使自己成为生活与事业的强者。

自主就是创业者要具有独立的人格、独立思考的能力，能自己选择自己的道路，善于设计和规划自己的未来，并采取相应的行动。自主还要求创业者有远见卓识、有敢为人先的胆略和实事求是的科学态度，能把握住自己的航向，直达成功的彼岸。

自立就是凭借自己的头脑和双手、凭借自己的智慧和才能、凭借自己的努力和奋斗，建立起自己生活和事业的基础。

3. 竞争意识

竞争是市场经济最重要的特征之一，是企业赖以生存和发展的基础，也是企业立足于社会所不可或缺的一种精神。人生即竞争，竞争本身就是提高。因此，创业者如果缺乏竞争意识，实际上就等于放弃了自己的生存权利。创业者只有敢于竞争，善于竞争，才能取得成功。创业者创业之初面临的是一个充满压力的市场，如果创业者缺乏竞争的心理准备，甚至害怕竞争，就只能一事无成。

（四）全面的技能素质

创业技能指发现或创造一个新的领域，致力于理解创造新事物（新产品、新市场、新生产过程或原材料，组织现有技术的新方法）的能力，能运用各种方法去利用和开发它们，然后产生各种新的结果。创业技能是一种特殊的能力，往往能够影响创业活动的效率和决定创业的成功与否，是创业者整体素质中的核心要素。

二、创业者基本能力要求

在实践过程中，创业能力表现为创业者把知识和经验有机结合起来并运用于创业管理的过程中，通过自身的素质、能力带动整个创业团队，使所创立的企业逐步走向成功。

（一）专业能力

如果你对一个专业不懂就去创业，失败的可能性就很大。就像你开一个饭店，假如你自己不是厨师，又没有足够的资金一下子请很多大厨师过来，你就很难把控这个饭店的质量，而且很容易被大厨师"炒鱿鱼"。所以当你白手起家、身无分文，或者资金有限的时候，你就要记住这样一个重要前提：你必须是你创业所在领域的专家，是一个能控制住专业局面的人。

（二）营销能力

一个公司要成功，品牌营销有时候甚至比产品营销还要重要，品牌营销的价值是无限的。这就是为什么我们国产品牌的包最昂贵的也只能卖几千元人民币，同样材质的包印上 LV 的标志之后就能卖 10 万元人民币，其背后都是品牌价值在起作用。所以，营销能力是促使企业发展的一个重要能力，也是创业者必须具备的能力。

（三）社交能力

进入社会后，我们首先要理解社会，要理解别人为什么要这么做，慢慢学会把自己的心态放平和，去理解社会上的人，最后融入这个社会。当你的思想和境界超越这个社会的时候，大概就能干出点事情来了。

（四）用人能力

任何创业项目都很难一个人独立完成，所以需要找一帮人组成团队，发挥每个人的主观能动性。对于合作伙伴、同事、下属，从一开始就得用对了。挑了没有能力的人最后做不出事情来，挑了过于有能力的人最后跟你造反，老是跟你过不去，你也做不出事情来。把人招进来了就得让人服你，因此就得展示你的个人魅力，还得展示你的判断能力、设计能力，让大家觉得跟着你走是有前途的，哪怕在最艰难的时候大家也愿意跟着你。

（五）革新能力

革新能力需要你不断把旧的东西去掉，把新的东西引进来，进行体制上的革新、制度上的革新、技术上的革新及思想上的革新。一个人或者一个企业家成长的过程，就是不断否定自己的过去、承认自己的现在、追求自己的未来的过程。一旦你觉得现在这样就已经挺好，做成这样已经不错了的时候，就不会有更大的发展空间。对创业的改革也非常重要，如果在技术方面不更新，最后就会失去市场、失去机会。

（六）控制能力

控制能力主要包括以下几个方面。首先是对企业的控制，即企业的发展速度、发展节奏，以及增加投入和对产品进行研发的时间等。其次是对人的控制，一个人会根据自己的能力和贡献衡量自己到底应该得到什么，人与人之间永远会寻找一种平衡。这种平衡需要你对人性进行很深刻的了解，并且能随时把握每个人的动向，满足他们的需求，同时还能压制住他们不合理的要求和欲望，能够让他们跟你一条心、不断往前走。对人、对环境、对企业发展步骤的控制能力，构成了你创业成功的重要条件。

第三节　大学生创新能力的培养及实践

一、大学生创新能力的培养原则及途径

创新能力是指根据一定的目的和任务，运用一切已知信息，开展能动思维活动，产生出某种新颖、独特，有社会或个人价值的产品的智力品质。创新能力的培养是一个系统工程，需要多方面的努力和配合。

（一）创新能力的培养原则

1. 个性化原则

每个人都是一个特殊的不同于他人的现实存在。从某种意义上说，个性化就是创造性的代名词，没有个性，就没有创造。因此，培养创新能力必须遵循个性化原则，因材施教，确立教育的个性化原则。首先要走出思想认识上的误区，要从"将全面发展与个性发展对立起来"的误区中解放出来，从"将全面发展理解为平均发展"的误区中解放出来，正确理解马克思关于全面发展的理论；要从"对教育平等"的错误理解中摆脱出来，承认差异，鼓励竞争。因材施教就是针对人的能力、性格、志趣等具体情况施行不同的教育。

2. 系统性原则

系统是由相互联系、相互作用的若干要素，以一定结构组成的，具有一定整体功能的有机整体。根据一般系统论原理，一方面，创新能力是一个包括培养创新意识、创新精神、创新思维、创新方法等诸要素的有机整体，绝不能将它们割裂开来。教育在人的全面发展和社会进步中具有先导性的作用。

3，实践性原则

实践是人所特有的对象性活动，是人类的存在方式。马克思主义认为，实践改造自然，不仅仅是改变自然物的形态，更重要的是在自然物中贯注人的需要、目的和本质力量，使其从"自在之物"转化为"为我之物"，从而创造出按照自在世界本身的运动不可能产生的事物。

4. 协作性原则

协作是指由若干人或若干单位共同配合完成某一任务的过程。创新能力不只跟人的智力因素有关，非智力因素也在很大程度上影响着人们创造潜能的发挥。个性品质中的协作品质就是这样一种因素。

（二）创新能力的培养途径

1. 课堂教育

课堂是培养学生的主战场，是培养大学生创新意识的主要场所。

第一，尊重学生的个性发展与创造精神。我们不能把学生看作消极的被管理对象，也不能把学生当作灌输知识的容器，而要把学生看作具有创造潜能的主体、具有丰富个性的主体。学校要重视学生的个性差异，注重学生的个性发展。若各个环节管理过死，学生就会处于被动状态，其个性就得不到发展，就谈不上培养学生的创造精神和创新能力了。为此，应该改革传统的教育教学管理体制，实行多元化的管理模式，允许大学未毕业的学生进行自主创业，为他们保留学籍，使那些敢于创新的学生脱颖而出，等等。

第二，营造校园创新环境与创新氛围。学校创新环境的建设是创新人才培养的必要条件，要把大、中学校创新环境的建设放在学校工作的重要地位。高校应充分利用第二课堂，定期举办各种学术讲座、学术沙龙和大学生科技报告会，出版大学生论文集。学校应鼓励学生积极参加学术活动，对于不同领域的知识有一个大体的了解，使学生与其他学科的学生进行交流，从而使大学生学习他人是如何创造性地解决问题的，以强化自身的创新意识；要鼓励学生大胆创新，可以让他们参加教师的科研课题，也可以由学生自拟题目，并选派教师指导，且对学生的科研课题进行定期检查和鉴定，这样可以培养学生的创新能力和责任心，拓宽学生的视野，有效发挥他们的创造才能；应建立激励竞争机制，举办各种形式的竞赛活动，对在创新方面成绩突出的学生进行表彰和奖励，对获得国家级或省（部）级创新成果的学生，应给予多方照顾或优待。

第三，构建合理的课程体系，开设专门的创新课程。创造能力来源于扎实的基础知识和良好的素质，仅仅掌握单一的专业知识是不够的。因此，加强学生基础教育及构建合理的课程体系就显得非常重要。大学教育中要注重文、理渗透，我们可以对文科学生开设部分自然科学课程，对理科学生适当加强人文教育，使文理学科之间相互渗透；改变专业划分过细、学生知识面狭窄的现状，实行学科教育、专业教育，使课程之间互相渗透，打破明显的课程界限。中、小学校可适当安排一些创新课程，引导学生增强创新意识，培养创新兴趣。学校要增加选修课的比重，允许学生跨系、跨专业选修课程，使学生依托一个专业，着眼于综合性较强的跨学科训练。这不仅可以优化学生的知识结构，为其以后在某个专业深造做好准备，同时也有利于发展学生的兴趣，使之能够学有所长，高校还提高大学生创新的积极性。从而要开设一系列专门的创新课程。这些课程都是从某一学科如思维科学或心理学、方法论的角度来探讨创造性思维的问题的。在这方面，我们主要是有重点地教给学生一些最基本的科研和创新方法，诸如如何选题，如何搜集、分析、整理资料，如何提炼论点（观点），如何谋篇布局、安排论文结构；如何论证阐述；如何修改文稿，了解论文的书写格式和规范，等等。同时教师要有意识地给学生布置一些综合性较强的大作业或小论文，对学生进行一些科研创新的基本训练，教师再加以必要的指导和辅导，使学生初步掌握科研创新的方法。通过科研创新实践的磨炼，广大学生的科研创新的能力和水平都会显著提高。

第四，改进教学方法，转变培养模式。兴趣是最好的老师。学生如果对所学知识产生了研究创新的浓厚兴趣，他们就会产生强烈的求知欲，就会认真地去学习和钻研。因此，千方百计、想方设法地去调动和激发学生对科研创新的兴趣，是教师在课堂教学中首先要解决的问题，这就需要教师不断改进和优化教学方法，改变过去以"教师单方面讲授"为主的教学方式，启发学生对知识的求知欲。教师要积极实施启发式和讨论式教学，激发学生独立思考和创新的意识，培养他们的创新能力，切实提高教学质量；要让学生感受、理解知识产生和发展的过程，培养学生的科学精神和创新思维；要积极创造条件，让学生积极参与到教学过程中，以使学生从被动学习转变为主动学习；要充分调动学生学习的自觉性和积极性，使其思维活跃、善于动脑筋，进而解决各种问题。在教学方式上，教师应根据"可接受原则"，选择真正适合大学生的教材，着重培养学生获取、运用、创造知识的意识和能力。教师应该努力挖掘每一个学生的潜力，培养学生的创新意识，激发学生创造的积极性。

第五，改进考试方式。传统的课堂教学重视的是对已有知识的传授，学生只有靠平时死记硬背式的知识积累才能顺利通过考试。这样的考试方式显然不利于学生创新能力的培养，这就要求我们改变传统的考试方式。学校不仅要考查学生对知识的掌握情况，更要考查学生创造性地分析问题、解决问题的能力。在考试方式上，我们可以进行适量的开卷考试。考试时允许学生带课本、笔记等资料，允许学生发表不同的见解，对那些有创造性见解的学生要给予鼓励，力争把学生的精力引导到对问题的分析和解决上来。有些课程也可以用综合性大作业和专题小论文的方式取代传统的闭卷考试方式，放宽考试时间，以便于他们搜集资料，对有关问题做较为深入的探讨和研究。在考试内容方面，我们要尽量减少试卷中有关基本知识和基本理论方面需要死记硬背的内容，尽可能地设置一些没有标准答案的探讨性问题，让学生在进行充分而深入的思考之后再给出答案；或是设置一些综合性较强的问题，让学生结合所学理论知识并进行反复、仔细的分析思考后再做出回答。这有利于培养学生的创造性思维和创造能力。

第六，建立科学的人才评估体系是创新能力培养的保障。建立科学的人才评估体系，可以普遍提高受教育群体的人文素养及科学素养，更可以全面地开发人力资源，培养和提高大学生的创新能力。高校不仅要考核人才对于知识的掌握及熟练程度，还应对学生思想政治和道德素养的水平、社会实践与志愿服务的情况、科技学术与创新创业能力、社团活动与社会工作的情况、文体艺术及技能培训的情况等进行考查。

2.加强课外教育，加强实践训练

课外教育主要包括各种形式的竞赛、社会实践活动、各类社团活动等内容，这些活动对大学生创新能力的培养具有重要的作用。

培养创新能力必须加强实践环节，在实践中激发学生的创造性、提高学生的创新能力和综合素质。高校要加强实验课、实习课在课程体系中的地位，努力开拓实习基地，与企业建立产、学、研合作关系，为社会实践和创新创造良好的条件。

3. 通过培养教育主体的自我教育能力，实现个人创新能力的可持续发展

自我教育是指发展主体通过对自身及社会的审视，主动、合理地制定发展目标，构筑知识框架，调整学习策略，并转换自身角色，积极主动而不是被动地接受外界的影响，利用有利的外部条件实现自身的可持续发展。

二、创新能力的实践

不少杰出的人物都留下了创新的动人故事：瓦特看到壶盖被蒸汽顶起而发明了蒸汽机，牛顿被下落的苹果砸了头而发现了万有引力，门捷列夫玩纸牌时想出了元素周期表，等等。我们在研究、创新的过程中，把创新能力的实践过程看得比结果更为重要。创新是由创新思维的过程和创新能力的实践所决定的，而结果仅是过程的成功产物。

（一）创新能力实践的"四阶段理论"

"四阶段理论"是一种影响最大、传播最广，而且具有较大实用性的创新能力的实践过程理论，由英国心理学家沃勒斯提出。该理论认为创新的发展分为4个阶段。

1. 准备期

准备期是准备和提出问题的阶段。一切创新都是从发现问题、提出问题开始的。问题的本质是现有状况与理想状况之间的差距。爱因斯坦认为："形成问题通常比解决问题还要重要，因为解决问题不过牵涉到数学上的或实验上的技能而已，然而明确问题并非易事，需要有创新性的想象力。"他还认为对问题的感受性是人的重要的资质，准备还可分为3步，以力求使问题概念化、形象化和具有可行性。

2. 酝酿期

酝酿期也称"沉思和多方思维发散阶段"。由于在酝酿期要对收集的资料、信息进行加工处理，并探索解决问题的方法；因此常常需要耗费很长时间，花费巨大精力，是大脑高强度的活动时期。这一时期，要从各个方面，如前面讲到的纵横、正反等方面去进行发散性思考，让各种设想在头脑中反复组合、交叉、撞击、渗透，按照新的方式进行加工。加工时应主动地使用创造方法，不断选择，力求形成新的创意。著名科学家彭加勒认为："任何科学的创造都发端于选择。"这里的选择就是指充分地思索，让各方面的问题都充分地暴露出来，从而把思

维过程中那些不必要的部分舍弃。创新思维的酝酿期特别强调有意识的选择，富有创造性的人就注重选择。所以，彭加勒还说："所谓发明，实际上就是鉴别，简单说来，也就是选择。"

为使酝酿过程更加深刻和广泛，还应注意把思考的范围从熟悉的领域，扩大到表面上看起来没有什么联系的其他专业领域，特别是常被自己忽视的领域。这既有利于我们冲破传统思维方式和"权威"的束缚、打破成见、独辟蹊径；又有利于我们获得多方面的信息、利用多学科知识的"交叉"优势，在一个更高层次上把握创新活动的全局，寻找创新的突破口。有时也可把思考的问题暂时搁置一下，让习惯性思维被有意识地切断，以便产生新思维。再有，灵感思维的诱发规律告诉我们，大脑长时间兴奋后的有意松弛有利于灵感的闪现。

在酝酿期创新者的思维强度大，常常百思不得其解，屡试难以成功。此时良好的意志品质和进取精神就显得格外重要。因为这是酝酿期取得进展直至产生突破的心理保证。

创造性思维的酝酿期通常是漫长的。创新者很有可能会失败。但唯有坚持下去、方法对头、充满希望，我们才有可能成功。

3. 明朗期

明朗期即顿悟或突破期，即寻找解决办法的时期。明朗期很短促，呈猛烈爆发状态。久盼的创造性突破在瞬间实现，人们通常所说的"脱颖而出""豁然开朗""众里寻它千百度，蓦然回首，那人却在灯火阑珊处"等都是用来描述这种状态的。如果说"踏破铁鞋无觅处"描绘的是酝酿期的话，"得来全不费工夫"则是对明朗期的形象刻画。在明朗期，灵感往往起着决定作用。

4. 验证期

验证期是评价阶段，是完善和充分论证阶段。验证期是把明朗期获得的结果加以论证，并且进一步得以充实的阶段。假如不经过这个阶段，创新成果就不可能真正取得。一是在理论上进行验证，二是将其放到实践中进行检验。在验证期，创新者的心理状态较平稳，但他们需要有耐心，不急于求成是很关键的。

（二）创新能力的实践

1. 学习能力的实践

获取知识、方法和经验的能力，包括阅读、写作、理解、表达、记忆、搜集资料、使用工具、对话和讨论等的能力。除了学习能力，学习者还应树立活到老、学到老的终身学习的理念。个人具有学习能力，组织也具有学习能力，人们把学习型组织理解为"通过大量的个人学习特别是团队学习。形成的一种能够认识环境、适应环境、进而能够能动地作用于环境的有效组织。也可以说是通过培养弥漫于整个组织的学习气氛，充分发挥自身的创造性思维能力而建立起来的一种有机的、高度柔性的、扁平的、符合人性的、能持续发展的组织"。在当今的竞争时代，一个人或一个组织的创新力往往取决于个人或组织的学习能力，因此无论对于个人还是对于组织而言，其竞争优势就在于有能力比你的竞争对手学习得更多、更快。

2. 分析能力的实践

它是指把事物的整体分解为若干部分进行研究的技能和本领。事物是由不同要素、不同层次、不同规定性组成的统一整体。认识事物的有效方式之一就是把它的每个要素、层次、规定性在思维中暂时分割开来，然后再进行考察和研究，弄清楚每个局部的性质、局部之间的相互关系以及局部与整体的联系，做到由表及里、由浅入深、由易到难地认识事物和问题。

分析是一种了解，也是一种判断，因而人们常常把分析与判断连在一起使用，但仅仅分析事物的各个部分、特性、方面、阶段还不够，还必须有机地将它们综合起来，了解它们的内在联系，从整体上把握事物的本质属性，以达到分析的目的。因而，人们又把分析与综合联系起来进行考虑。这是广义的分析的含义。

分析的过程一般包括以下几步：第一步是在观察的基础上明确事物的特征。第二步是对所收集的信息进行整理分类，使之条理清楚、层次分明、一目了然。第三步是判断哪些是主要矛盾，哪些是次要矛盾，确定分析的难点和重点，选择科学的分析方法，把握其内在本质和特点。第四步是归纳和总结分析的成果。具体的分析方法有很多，如阶级分析方法、系统分析方法、定性和定量分析方法、因果分析方法、趋势分析方法、心理分析方法等。人类社会的任何一次重大行动的成功都是建立在对事物现象的科学分析和判断的基础上的。

分析能力的水平高低与三个因素有关，一是个人的知识、经验和禀赋；二是分析工具和方法的水平；三是分析者共同讨论与合作研究的品质。随着科学技术的发展，高性能计算机和各种科学仪器以及新的分析方法的出现和应用，有效地提高了人们的分析能力。当然，分析能力也有局限性和片面性，容易使人只见树木、不见森林，不重视从整体上把握事物。因此，人们通常把分析能力与综合能力结合起来进行运用。

3. 综合能力的实践

它强调把研究对象的各个部分看成一个有机整体进行考察和认识的技能和本领。综合是把事物的各个要素、层次和规定性用一定线索联系起来，从中发现它们之间的内在关系和发展的规律。具体来讲，综合能力实践包括三项内容：一是思维统摄与整合，就是把大量分散的概念、知识点以及掌握的事实材料综合在一起进行思考、加工和整理，由感性到理性、由现象到本质、由偶然到必然、由特殊到一般，对事物进行整体把握；二是积极吸收新知识，学习者要掌握多方面的知识和各种方法，不断吸收新知识，要把不同学科的知识、不同领域的研究、经验进行融会贯通；三是运用综合能力与分析能力，正确认识事物，并进行有价值的创新。

4. 想象能力的实践

在创造性想象中，你可以运用你的想象力去创造你希望去实现的一件事物的清晰形象，接着，你不断地把注意力集中在这个思想或画面上，给予它以肯定性的能量，直到最后它成为客观的现实。想象力是我们人类能比其他物种优秀的重要原因。因为只有拥有想象力，我们才能创造发明，发现新的事物定理。如果没有想象力，我们人类将不会有任何发展与进步。爱因斯坦之所能发现相对论，就是因为他能经常保持童真的想象力；以一定知识和经验为基础，通过直觉、形象思维或组合思维，不受已有结论、观点和理论的限制，提出新设想、新创见。想象力往往是人们发现问题和解决问题的突破口，在创新活动中扮演着突击队和先锋的角色，缺乏想象力的人很难从事创新工作。

想象力的实践、模仿往往是第一步。正如你临摹字帖一样，时间长了你就可以写好字。模仿是一种再造想象。通过模仿，你可以抓住事物的外部和内部特点。模仿绝不是无意识地抄袭，而是把眼前和过去的东西通过自己的头脑再造出来。与创造相比，模仿是一种简单的学习方法，但是创造总是从模仿开始的；想象力实践的基础是掌握和拥有丰富的知识和经验，没有知识和经验的想象只能是毫无根据的空想。只有建立在知识和经验基础上的想象，才能闪耀思想的火花。经验越丰富、知识越渊博，想象力的驰骋面就越广阔。创新者除了要掌握专业知识和与专业知识相关的科学知识之外，还要有广泛的兴趣。创造活动特别需要想象，想象也离不开创造活动，因此，积极参加各种创造活动，是创造想象最有效的途径之一，这里包括观察、好奇、怀疑、爱问、追问等。

5. 批判能力的实践

创新能力中的批判能力具体表现为质疑能力、系统分析能力、探索求新能力和综合推理能力。质疑能力用于发现问题，系统分析能力用于解剖问题，探索求新能力用于探寻解决问题的新途径，综合推理能力则用于检验和确立新成果。很显然，如果没有对现存事物现象的质疑精神，就不能发现问题、激起创新的欲望；没有对存在问题的系统剖析，就不能去伪存真、找到谬误产生的原因；没有对解决问题多条途径的探索，就不能破旧立新、获得新的认识成果。批判思维是创新思维的催化剂和加速器，它孵化出千姿百态的创新成果，推动着人类社会不断向前迈进。批判能力的作用表现在两个方面：在学习、吸收已有知识和经验方面批判能力能保证人们不盲从，而是批判性地、选择性地吸收和接受，去粗取精、去伪存真；在研究和创新方面，质疑和批判是创新的起点，没有质疑和批判，人们就只能亦步亦趋，不可能做出突破性的贡献。科学技术史表明，重大创新成果通常都是在对权威理论进行质疑和批判的前提下产生的。

6. 创造能力的实践

创造能力是创新能力的核心，它是指人们提出新的概念、方法、理论、解决方案、实施方案等的能力，是创新人才的禀赋、知识、经验、动力和毅力的综合体现。创造与其说是一种智慧不如说是一个追求目标的过程；创造既包括聚合性思维活动也包括发散性思维活动；创新是创造过程的最终结果。创造力是人类特有的一种综合本领。它是知识、智力、能力及优良的个性品质等多种因素综合优化的结果。创造力是指产生新思想、发现和创造新事物的能力。它是成功地完成某种创造性活动所必需的心理品质。创造新概念、新理论，更新技术，发明新设备、新方法，创作新作品等都是创造力的表现。创造力是一系列连续的复杂的高水平的心理活动。

7. 解决问题能力的实践

它包括提出问题和凝练问题，针对问题选择和使用已有的经验、知识和方法，设计和实施解决问题的方案，对于难题能够创造性地提出新的解决方法。解决问题有狭义和广义之分，狭义的解决问题就是人们通常认为的各种问题的解决，如物理问题、数学问题、技术问题；广义的问题解决则包括各种思维活动，在这种情况下，创新能力就等同于创新性解决问题的能力。发现问题、分析问题的目的是解决问题。要解决各种矛盾和问题，就必须从苗头上、处理措施上上抓问题，以达到真正解决问题的目的。

8. 组织协调能力的实践

组织协调能力的实践是指通过合理调配系统内的各种要素，发挥系统的整体功能，以实现目标的过程。对于创新人才来说，要完成创新活动，就要协调各方。当自己拥有一定的资源时，可通过沟通、说服等手段来组织协调各方，以最终实现创新目标。

第四节 大学生创业知识的准备

一、创业类型

创业按照不同的标准，可以有不同的分类。了解创业类型可以使创业者结合自身条件进行决策和比较，选择最适合的创业类型。了解创业类型可以说是创业准备的第一步。

（一）机会型和生存型

从创业动机的角度出发，创业基本分为机会型创业和生存型创业两种类型。

第一，机会型创业是指创业者把创业作为其职业生涯的一种选择，看到有比目前工作机会更好的创业机会时就会选择创业。

第二，生存型创业是指创业者把创业作为其自身生存和发展不得不做的选择，创业者必须依靠创业为自己的生存和发展谋求出路。

（二）独立型和合伙型

从创业者的数量来看，创业可以分为独立型创业和合伙型创业两种类型。

第一，独立型创业是指创业者独立创办企业或组织，如个体工商户、个人独资企业等。

第二，合伙型创业是指创业者和他人合作，或团队共同创办企业或组织，如同学或朋友之间合作创办一个有限责任公司。

（三）传统技能型、高新技术型和知识服务型

根据创业者所选择的创业项目领域和内容的不同，创业可以分为传统技能型创业、高新技术型创业和知识服务型创业三种类型。

第一，传统技能型创业就是采用传统的技术和工艺进行创业，如酿酒、饮食、工艺美术、服装等劳动密集型领域的创业项目。

第二，高新技术型创业则是借助新技术、新产品进行的创业，如互联网软件开发、生物制药工程等就是典型的高新技术型创业。

第三，知识服务型创业是随着经济的高速发展和第三产业的蓬勃发展而迅速兴起的一种创业类型，是创业者为社会提供知识、信息服务的创业活动，如律师事务所、会计师事务所、管理咨询公司、私人教育机构等。知识服务型创业已经成为近年来创业的发展主流。

（四）依附型和独创型

从创业风险的角度出发，创业可以分为依附型创业和独创型创业两类。

第一，依附型创业一般有两种情况。一是依附于大企业或产业链而生存，如配套服务型企业；二是加盟连锁，使用特许经营权，充分利用主品牌优势和成熟的经营模式，以减少创业企业的经营风险。这类情况多出现于餐饮和服装行业。

第二，独立型创业就是指创业者通过提供有创造性的产品或服务，来弥补市场需求的空白的过程。在中国，最成功的独立型创业案例是马云创办的阿里巴巴集团旗下的网络购物平台——淘宝网，它的创办填补了中国电子商务平台的空白。

二、大学生创业的社会背景及现状发展

目前，创新、创业、创造已经成为世界经济发展的主流，尤其是在后金融危机时代，发展创业型经济是大势所趋。大学生由于具有较强的创新观念、创新冲动和创新精神，无疑是最具有潜力的创业群体。

（一）大学生创业的社会背景

党的十九大明确指出："大规模开展职业技能培训，注重解决结构性就业矛盾，鼓励创业带动就业。"这进一步要求我们要大力开展创新创业活动，完善创新创业政策，建立健全创新创业服务体系。

近年来，中国是创业型经济发展的主要新兴经济体，以北京中关村为代表的遍布全国的高新技术开发区的迅速发展，标志着创业型经济已经成为经济可持续发展的主要增长点。我国每年新增专利的65%、新产品开发的60%都是由创业型企业来完成的，这样的时代背景为大学生实现创新创业提供了广阔的舞台。

（二）大学生创业的现状发展

人们常说"知己知彼，百战不殆"。"创业"已经成为当今高校毕业生、社会无业、待业人员以及希望改变生活现状的企业员工的主流选择。随着社会经济的快速发展、国家就业创业政策的不断完善，创业环境也呈现出很多新的特点。

1. 创新创业教育推动了创业经济的发展

目前，创新创业教育早已波及世界多个国家。美国、英国、德国、法国、日本、韩国、澳大利亚、新加坡等国家都明确地将创新创业教育渗透到了普通教育之中。

2. 社会发展催生了大学生创新创业活动

在世界各国积极开展创新创业教育、大力推动大学生创新创业的同时，全球范围内的社会经济发展对于大学生创业起到了决定性的推动作用。

第一，当今世界无论是发达国家还是发展中国家，都有相当比例的大学生不能获取理想的就业岗位，并且这个比例还在逐年提高，有些国家甚至超过了15%。因此，大学生自主创业活动愈来愈显示出它的价值所在。

第二，世界范围内第一、第二产业的就业人口比例在逐步缩小，第三产业的就业人口比例在逐步提高，社会经济形态日益向服务领域及资讯行业转变，人们只需要少量的人力资源和办公设备就可以组建公司，这为大学生创业提供了可能。

第三，信息技术、网络技术的发展，办公自动化程度的日益提高以及经营成本的逐渐降低，都为大学生创业提供了适当的环境和条件。

第四，拥有高新技术这一特点也使得大学生有了较强的竞争力，也为大学生创业成功提供了保障。据统计，在美国表现最优秀的50家拥有高新技术的企业中，有46%出自麻省理工学院的创业计划大赛，根本的原因在于其以高新技术为核心，而风险投资家们最看重的也正是这一点。

3. 我国大学生创新创业的机遇与挑战

就当前我国创新创业的现状来看，高校毕业生创业实践是一条机遇与挑战并存的道路。

（1）大学生创新创业的历史机遇

当今世界已经进入创业型经济时代，国家对大学生自主创业给予了高度重视，这为大学生自主创业提供了难得的历史机遇。

（2）大学生创新创业面临的挑战

在多种不确定因素交织并存的经济发展中，高校毕业生也面临着创新创业的诸多挑战。

4. 对大学生岗位创新创业的新认识

国家鼓励大学生通过自主创业实现自己的创业梦想，开创自己的事业。但是，相对于大学生群体而言，真正能够自主创业，借助于新产品、新技术创办企业的人比较少，更多的大学生毕业后将会进入企业、事业单位和政府机关，在平凡的岗位上从事平凡的工作。因此，大学生创新创业不仅仅是指自主创业，还应包括岗位上的创新创业。这就需要大学生树立创新创业理念，并在工作岗位上不断开拓进取，以推动本岗位、促进本部门、带动本单位、甚至引领本行业的发展。

国家的发展需要创新创业型人才，政府机关和企事业单位也需要具有创新创业能力的人才。政府机关及企事业单位的工种千差万别，每个人都有自己具体的工作岗位。这就如同千万个零件，按照各自的功能和方法组合成一部运转自如的大机器一样。

倡导大学生岗位创新创业教育，旨在鼓励大学生在未来的工作中，从本职工作入手，根据本岗位、本单位特点开展创新创业活动，借助于自己创造性的劳动，走出一条岗位创新创业成才之路。因此，大学生肩负着重要的历史使命，抓住机遇、应对挑战，积极投身于创新创业实践中是当代大学生义不容辞的责任。

第五节　大学生创业能力的准备

一、创业能力的培养

在创业过程中，人是第一要素，发挥着核心的作用。创业的过程艰辛又漫长，要求大学生拥有较强的创业精神、创业意识和良好的心理品质，这些都构成了创业的基本素质。

（一）创业素质与能力

高校毕业生想在创新创业这条机遇与挑战并存的道路上获得成功，就必须具备一定的个人素质和能力，这是创业取得成功的先决条件。

1. 创业素质

创业素质是指创业者经过实践积累所具备的精神品质。通常说，创业素质一般包括创业精神、创业意识和创业心理三个方面。

第一，创业精神。创业精神是创业的核心与灵魂，为创业实践提供精神动力和支撑。创业精神的基础是创新，创业者通过创新，对资源进行有效的整合、利用，并创造出新的经济或社会价值，创业精神的关键在于"是否创造新的价值"。

尽管通常意义上创业是以新创企业或组织的方式进行的，但是创业精神不一定只存在于新创企业或组织中。对于一些成熟的企业或组织来说，只要创业者保持求新、求变、求发展的心态，以创新的方式为企业或组织创造价值，其就具备了创业精神。

可以说，创业精神代表的是一种以创新为基础的思维方式，是一种发掘机会、组织资源、创造新价值的过程。因此，创业精神并不仅仅停留在精神或心理层面，创业者必须付诸行动，必须将创业观念与创业实践结合起来，只有这样才能创造出新的经济或社会价值。创业精神具有创新性、综合性、整体性、时代性、动态性和持久性等方面的特征，是时代精神的反映，是对创新型人才素质的要求。对创业者而言，需要树立自信、自主、自立、自强的创业精神，这是进行创业活动的灵魂和支柱，是开创新生活、追求幸福明天的精神信念。创业者只有拥有创业精神，才会有创业的要求和动机，才会有创业的意识和观念，才会有创业的动力和行为，才会有创业的成果和收获。

第二，创业意识。创业意识是指在创业活动中创业者的个性意识倾向，包括创业需求、动机、兴趣、理想和世界观等要素。创业意识集中体现了创业者的素质，支配着创业者的态度和行为，规定着创业者的方向，具有较强的选择性和能动性，是创业要素的重要组成部分，是人们从事创业活动强大的内在驱动力。

第三，创业心理。创业之路总是充满着艰辛与曲折，需要创业者具有非常强的心理调控能力，保持一种积极、沉稳、健康的心态。创业心理就是指在创业过程中对创业者的心理和行为起调节作用的个性心理特征。创业心理与个人固有的气质、性格有密切关系，反映了创业者的意志、情感和品质。

创业能否成功在很大程度上取决于创业者的创业心理。心理学家研究发现，成功的创业者往往具有一些不同于常人的共同心理特征，包括成就需求、风险承担和控制倾向等。成就需求被解释为具有强烈成就需求的人渴望将事情做得更为完美，以获得更大的成功。他们追求的是成功过程中克服困难、解决问题的个人成就感。风险承担是指个体或组织在无法预知未来的情况下开展创业活动的意愿，或者说在多大程度上愿意承担风险和容忍不确定性，这是创业者在创业过程中表现出来的重要行为特征。创业者在创业过程需要承担一定的风险，包括高负债、大量资源投入、新产品或新市场的开拓以及新技术的使用等，承担风险也意味着把握机会。

控制倾向是自信的一种表现，也是许多创业者共有的特性。控制倾向与成就需求相一致，创业者往往具有强烈的控制欲望，他们是生活中对事件、他人具有影响力的个人。控制倾向低的人感到自己的命运由外部力量和宿命所决定，控制倾向高的人更依赖自我。因此，控制倾向高的人具有较强的创业精神，更有可能成为创业成功者。

2. 创业能力

创业能力是一种综合能力，创业者只有具备并不断提高自身的创业能力，才能在创业中取得成功。创业能力是一种特殊的能力，影响着创业活动的效率，决定着创业的成败。创业能力一般包括领导决策能力、经营管理能力、专业技术能力、沟通协调能力、抵御风险能力以及创新创造能力等。

第一，领导决策能力。领导决策能力是创业者根据主观和客观条件，确定创业的发展方向、目标、战略以及具体方案的能力。创业者既是领导者也是决策者，创业者的领导决策能力在创业实践中发挥着重要作用。正确的领导决策是保证创业活动顺利进行的前提，尤其是有关创业机会的识别和选择、创业团队的组建、创业资金的融通、发展战略的制定以及运作模式的设计等重大决策，它们直接关系着对创业全局的驾驭和创业的成败。

第二，经营管理能力。经营管理能力是对企业经营活动的组织、管理及运营的能力。它涉及企业中的人、财、物、信息等各项资源，以及对这些资源的计划、组织、指挥、协调和控制的能力。经营管理能力是一种较高层次的综合能力，是一种运筹能力，是解决企业生存问题的第一要素。出色的经营管理能力是创业者必备的能力之一。我们要从会经营、懂管理、善用人、精理财和讲诚信等几个方面去培养创业者的经营管理能力。

第三，专业技术能力。专业技术能力是创业者掌握和运用专业知识、组织生产或提供服务的能力。专业技术能力的形成具有很强的实践性，许多专业知识和专业技能需要在实践中摸索、提高，并逐步发展和完善。创业者要重视创业过程中对专业技术知识的积累和技能的训练，加深对专业理论知识的理解，同时在实践中注意记录、分析、总结和归纳，形成特色的创业经验，以不断提高专业技术能力。

第四，沟通协调能力。沟通协调能力是妥善处理内外部各种关系的能力。沟通协调能力也是一种社会实践能力，创业者需要在实践中学习、掌握并有效运用它。它在创业过程中，创业者应妥善处理好各种社会关系，团结一切可以团结的力量，求同存异、共同发展，做到不失原则、灵活有度，巧妙地将原则性和灵活性结合起来。

第五，抵御风险能力。创业意味着风险，是对创业者心理素质的全面考验。在创业中，需要创业者做好充分的心理准备以应对创业风险，抵御创业风险。创业者要确保企业或者组织的运营机制、管理模式、制度文化等基本要素与发展目标保持一致，并且能够与时俱进；要紧贴政策，在合情、合理、合法等的范围内，使企业或组织得以良性运转。

第六，创新创造能力。创新是创业者化解外界风险和获取竞争优势的有效途径。创新创造能力包括两方面的含义：一是意识创造性思维的能力；二是创新实践的能力。创新创造能力是一种综合能力，与人们的知识、技能、经验、心态等密切相关。具有广博的知识、扎实的专业知识、熟练的专业技能、丰富的实践经验、良好的心态的人容易形成创新创造能力。

（二）创业素质与能力的培养

创业教育和创业实践活动是培养创业者素质和创业能力的有效途径。通过创业教育可以使大学生具备创业的基本知识、基本技能和心理品质，通过创业实践活动可以培养大学生敢于创新、勇于创业的精神，使其具有较强的适应能力、开拓能力，使其能够在复杂的环境中寻求职业发展机会。大学生创业素质和创业能力的培养途径如下。

1. 积累丰富的文化知识

文化知识是培养大学生创业素质和创业能力的基础。任何素质和能力的形成和提高都是在掌握和运用知识的过程中完成的，创业素质与创业能力也不例外。大学生要充分利用各种学习机会，了解、掌握必要的文化知识，要学会将学习、思考、实践结合起来，掌握运用文化知识的手段和本领，从而为创业素质和创业能力的形成和提高打下坚实的基础。

2. 树立牢固的专业意识

专业意识是培养大学生创业素质与创业能力的前提。大学生创业通常是从创立小企业开始的，小企业要在现代社会中得以生存，就必须有专门的技术产品或服务项目。因此，大学生创业者一定要加强专业意识的培养，要精通与创业相关的专门知识和技能，并根据需要不断吸收新技术、新知识。

3. 培养强烈的社会意识

社会意识是培养大学生创业素质与创业能力的保障。良好的社会意识包括与人合作的意识和强烈的社会责任感以及竞争意识、环境意识、质量意识、品牌意识、安全意识等。这是提高大学生创业素质和创业能力的重要保障。

二、创业资源的储备与开发

创业不单单是靠一个人就能完成的事情，创业成功离不开各种资源的支持，如资金、人脉、团队以及企业的品牌等。

（一）创业资金

创业资金是创业的基础，也是公司运营及发展的血脉，没有资金，创业无异于"纸上谈兵"，所以如何寻找第一笔创业资金决定了整个创业过程的成败。那么，如何获得第一笔创业资金呢？一般来说，可以通过以下几个渠道来获取创业资金。

1. 寻找投资合伙人

这种渠道适用于创业启动资金数额较大的创业者。创业者在创业初期因为创业资源与人脉资源的匮乏，无法凭借自身能力在短时间内积累起较大数额的创业资金，创业者在寻找投资人时要明白这样一个原则：投资者不一定为你的创业项目分担风险，但是，他一定会分享你的利润。要想让别人为自己的项目投资，不仅要自己赚钱，还要让别人赚钱。因此，创业者要拿利润去说服投资者。

2. 自己筹集创业资金

如果是小型的创业项目，或者启动资金不是很大的中型项目，创业者可以通过自筹的方式来获得启动资金。

3. 贷款及抵押

通过这种方式，创业者往往可以获得较大数额的资金，因此，这种方式比较适合资金需求较大的创业者。利用这种方法虽然可以获得较多的资金，但是创业者往往需要承受更大的压力，尤其表现在财务的预测及财务的成本等方面。因此，创业者需要进行详细精确的财务预算、财务分析及市场分析，以保证创业项目进行过程中不出现资金链断裂的问题。

（二）人际关系

人际关系是创业者获得事业成功的重要保证。创业者如果不能在短时间内建立自己的人际网络，那么他的创业之路将非常艰辛。创业者应该从以下几方面着手。

1. 建立人际关系

每个创业者都渴望遇到自己生命中的"贵人"，利用强大的人际关系帮助自己取得事业上的成功，然而有些人却未曾想到亲戚、朋友、同学、同事等"普通人"也可能成为自己生命中的贵人。创业者要认识人脉资源的重要性，而且要善于挖掘和利用这些人际资源。

2. 从人脉广度和深度上进行突破

从人际资源结构来看，人际资源可以大致分为政府人际资源、金融人际资源、行业人际资源、技术人际资源、思想智慧人际资源、媒体人际资源、客户人际资源、高层人际资源、底层人际资源等。因此，创业者在开发人际资源时，必须要在人际关系等广度和深度上进行突破，切勿存在"人脉短视症"。

一些创业者也在寻找和挖掘人际资源时，他们往往只着眼于高层人际关系，却忽视了如同事、下属、保安等底层人际关系；有的创业者只结交年长的、有阅历、有经验的人，却忽视了充满活力的年轻人。其实，人际资源没有贵贱、长幼之分，这些对创业者来说都是不可或缺的宝贵资源。要知道，即便是一个看似很不起眼的业务员，如果你能跟他成为朋友，将来他也可能成为你所在公司的业务骨干。

（三）创业团队

一个高效执行的创业团队是新创业公司成功的根本保证，很多创业者都明白这个道理，但他们所面临的问题是如何打造一支高效、和谐、富有战斗力和执行力的创业团队。在创业管理所涉及的问题中，团队问题是最复杂的，也是最为棘手的。每个人的心理活动都是不一样的，所以要打造一支富有高效执行力的创业团队，创业者就必须具有较高的情商。只要人找对了，创业成功也就水到渠成了。

笔者将针对创业者在团队建设过程中所面临的一些问题和困惑，结合创业管理培训讲述如何打造一支具有高效执行力的团队。

1. 组建创业合伙人

通常来说，创业合伙人制度主要包括以下三种模式：

第一，"家族式"创业模式，如当当网、希望集团、苏宁集团等。

第二，几个朋友、同学或老同事聚在一起组建团队，如腾讯、新东方等。

第三，创业者凭借独特的商业创意寻找志同道合的创业伙伴。

很多技术型创业者通常会在创业初期选择一两位创业合伙人，毕竟单凭一个人的力量很难搞定所有的事情。但无论采取怎样的创业合伙模式，创业者在搭建创业团队的过程中都应该注意以下几点：

第一，确保企业团队在技术、产品、销售、管理、财务等各个环节形成优势互补。

第二，确保创业团队目标一致，在公司的重大事项上必须保持高度一致，以避免因互相猜忌而产生沟通障碍。

第三，把每一位合伙人都当作公司等创始人，以激发每一位合伙人的斗志，促使每一位合伙人将公司的事情当作自己的事情去对待。

第四，在创业过程中，合伙人之间难免会产生一些理念上的冲突和矛盾，所以当这些矛盾和冲突出现时，团队需要有一个很好的争端解决机制，既有效地解决分歧，又可以不伤害彼此间的和气，如投票制度。

2. 在缺乏创业资源的情况下找到好的人才

对于那些充满创意、技能素质过硬的优秀人才而言，他们对公司的待遇要求自然会很高，但是，这并不意味着新企业找不到好的创业人才，如当初的阿里巴巴、腾讯等。

对于创业者来说，在组建创业团队时需要注意以下几点：

第一，寻找有创业激情、有发展潜力的人。

第二，"创业的激情 + 成功的欲望"是确保企业创业成功的先决条件，所以创业者应该寻找那种不甘于现状，想在这个社会有所作为的人。

第三，给员工提供一个自由施展才能的工作环境。大公司虽然有成熟的管理制度，人才也比较多，但是体制过于臃肿、僵化，这使得很多优秀的员工无法施展自己的才能。而新公司的一个最大优势就在于它给员工提供了一个自由发挥的工作平台，而不是像大公司那样论资排辈。

第四，建立以目标为导向的激励机制。建立激励机制的目的在于向员工传递这样一个信息：尽管我们的公司正在起步阶段，但是我们在不断地成长和发展，在未来我们会有广阔的发展空间。企业可以通过这样的激励措施来吸引和留住人才。

第五，提供多样化的工作岗位。在许多大公司里，很多员工都是十年如一日地坚守在一个岗位上，而新创公司的另一个突出优势就在于它的灵活性。创始人可以根据团队成员的兴趣和性格，为他们提供多样化的工作岗位，这样既能够让团队成员积累经验、掌握技能，同时也能使他们为公司创造更大的价值。

3. 有效提升团队执行力

作为新创公司的创始人，要想有效地提升团队的执行力和战斗力，就可以从以下四个方面着手：

第一，奖惩分明，坚持公平、公开、透明的团队原则。无论公司的规模有多大，不管团队中有多少人，创业者都必须要建立一套公开透明的奖惩机制，确保每一名团队成员都得到公平、公正的待遇。只有这样才能充分调动员工的积极性，在整个团队中形成一股强大的正能量。因此，创业者在团队管理的过程中，应该向每一位团队成员灌输"奖惩分明"的理念：谁的能力强，谁就能够得到奖励；谁影响了团队的利益，谁就应该受到惩罚。通过这样的机制找到团队中的"烂苹果"，提升团队的执行力和战斗力。

第二，明确团队的阶段性目标，并及时掌握目标进度。作为创业团队的领导者，必须要明确团队当前的状况和目标，而且要让团队中的每一位成员都清楚地知道自己目前的工作任务，此外还要对项目进度进行及时掌握和追踪。比如：公司下一步要做怎样的项目；该项目对公司意味着什么；该项目什么时候完成；每一位员工的任务是什么……只有明确了团队的阶段性目标以及目标的实施进度，才能真正了解公司的经营状况、提高团队的工作效率。

第三，充分信任和授权，给团队成员实现自我价值的机会。对于创业公司来说，成员间的信任显得尤为重要。创业者要充分信任团队中的每一名成员，而且还要善于授权，给员工提供实现自我价值、追求职业梦想的机会。作为一名创始人，如果你不信任自己的员工，不懂得授权艺术，那么你必然会在工作中感到劳累不堪，技术型的创业者尤其如此。授权并不意味着你要做"甩手掌柜"，而是教给员工做事的方法，相信他们能做好，告诉他们不要怕犯错，此外还要对员工的工作进行及时的监督和指导。

第四，根据员工的职业倾向和性格特点安排工作岗位。作为一家新创公司的创始人，你必须切记这样一句话：让合适的人在合适的岗位上做合适的事情。在招聘创业人才的过程中，创业者要善于观察员工的职业倾向和性格特点，在此基础上给员工安排最合适的工作岗位，以便最大限度地挖掘员工的工作潜力发挥其创造性。

（四）品牌价值

如今我们所处的时代已不再是工业制造时代，而是塑造企业品牌的时代。随着产品同质化现象的日益明显，谁能更好地塑造市场企业自身的品牌形象、赋予产品更多的品牌价值，谁就能在激烈的市场竞争中建立核心竞争优势、取得最终的胜利。第一，找到产品的核心卖点，赋予产品"灵魂"。第二，敏锐地洞察和把握客户需求。例如：比尔·盖茨当初准确地认识到 PC 的未来需求而成就了今天的微软；马云敏锐地意识到互联网可以改变整个商业领域，因而有了今天的阿里巴巴；乔布斯精准地把握住了年轻人的心理诉求，因而其制造出的苹果产品畅销全球。这些案例告诉我们，客户购买一件产品的时候不仅仅在乎其使用价值，而且在乎该产品所具有的品牌价值。

而要想打造让客户满意的品牌产品，创业者就应该从三个方面进行考虑。

第一，情感诉求是塑造企业品牌的最高境界。品牌塑造的过程其实就是跟消费者"谈恋爱"的过程。如果消费者对你的产品不感兴趣，那么无论你的产品的技术含量多高，也不管你的产品的价格多么的低廉，这一切也都是无济于事的。在这个"用户体验至上"的个性化消费时代，企业要想成功塑造自己的品牌形象，最重要的营销策略就是抓住客户的情感诉求，满足消费者的心理需求。

品牌是一个企业产品或服务的象征，它在企业与消费者之间承载着交流和沟通的使命。那些知名企业之所以在激烈的市场竞争中屹立不倒，恰恰是由于它们与消费者之间进行了很好的交流、能够获得消费者的喜欢与认同，因而能够建立起消费者的忠诚度。

第二，通过环境和气氛提升品牌形象。两杯成本相同的咖啡，其原料、口感、杯子外观都一模一样，但是在普通便利店只卖 8 元，老板赚 4 元；而在星巴克却能卖到 36 元，老板可以赚到 32 元。相比之下，前者利润率大概是 20%，而后者利润率居然高达 500% 以上。两者之间的差距为何会如此大？这就是因为，消费者在星巴克喝的不仅仅是咖啡，更是在体验和享受星巴克独特的咖啡文化，例如，星巴克的文化理念、环境氛围，在咖啡厅里听到的音乐，等等。

　　第三，打造产品独特的定位优势。所谓"物以稀为贵"，在产品同质化日益严重的今天，创业者必须要有敏锐的市场嗅觉，打造出产品独特的定位优势，进而成功地塑造出自己的品牌价值：一方面，创业者要善于洞察和把握消费者的需求，发现新的市场机会，从而填补市场的空白；另一方面，创业者应该根自身的资源优势，着力开发和挖掘优势，通过精准定位来建立自身的品牌。

第五章　大学生创新创业教育中的思想理念创新与体制机制创新

第一节　思想理念创新

一、前瞻性国家政策简介

第一，习近平经济思想所展现的开放视野、战略前瞻、实践路径和价值理念，是马克思主义政治经济学在当代中国的生动实践，是我国社会主义市场经济建设理论的最新成果，是对中国特色社会主义理论体系的丰富和完善。

第二，在习近平经济思想中，"创新"是其核心理念。我们要始终把改革创新精神贯彻到治国理政的各个环节，坚持社会主义市场经济的改革方向，坚持对外开放的基本国策，不断推进理论创新、制度创新、科技创新、文化创新以及其他各方面的创新，不断促进我国社会主义制度的自我完善和发展。党的十八届五中全会进一步强调，创新是引领发展的第一动力，必须把创新摆在国家发展全局的核心位置；并再次强调要不断推进理论创新、制度创新、科技创新、文化创新等各方面的创新，让创新贯穿于党和国家的一切工作中，让创新在全社会蔚然成风。

二、三个创新

《关于进一步加强和改进新形势下高校宣传思想工作的意见》从战略高度对新时期高校宣传思想工作做出了新的全面部署，是当前和今后相当长一段时期做好高校宣传思想工作的基本依据。在社会思想日益多元化和传播方式深刻变革的时代背景下，高校宣传思想工作必须在继承、发扬我国在长期实践中形成的经验和优势的基础上进一步深化改革，当务之急是要推进三个创新。

（一）以理念创新引领高校宣传思想工作新飞跃

理念创新是宣传思想工作改革的先导。在新的历史条件下，高校日益成为意识形态工作的前沿阵地，高校宣传思想工作面临诸多新的挑战，这迫切需要我们解放思想、创新理念，勇于打破陈旧观念的束缚和思维定式。做好新形势下的高校宣传思想工作，必须树立三种新理念。

1. 要树立"最大公约数"理念

寻求最大公约数，就要找准共同点，找准思想交集，实现力量聚合。高校宣传思想工作的最根本任务就是要凝聚价值共识，就是要用中国特色社会主义理论武装头脑，用社会主义核心价值观凝聚人心。为此，高校宣传思想工作必须坚持价值引领，以思想理论建设为根本巩固共同思想道德基础。要实现价值共识，高校宣传思想工作必须以思想政治教育为首要任务，坚持面对面、心贴心、实打实，真正将思想政治工作做到师生员工的心坎上。

2. 要树立"大宣传"理念

当前高校师生对宣传思想工作的认识还不是很到位。有的认为宣传思想工作是务虚，业务工作才是务实；有的认为宣传思想工作只是宣传部门的事情，与自己和自己的部门无关。事实上，随着现代信息社会的快速发展，宣传思想工作已经渗透到学校各单位的业务和管理之中，成为一项点多线长面广的系统工程。为此，高校宣传思想工作必须统筹、整合校内外各种优势资源，调动一切积极因素，心往一处想、劲往一处使，形成人人重视、各方参与、协同推进的良好局面。

3. 要树立"全媒体"理念

互联网和新媒体的广泛应用，既为传播主流思想舆论提供了形式多样的载体和平台，也使互联网成为思想舆论斗争的主阵地、主战场。高校是青年人才的聚集地，更是新媒体受众的集中地。为此，高校宣传思想工作必须把网络作为主战场，把网络舆论引导作为工作的重中之重，必须建好管好用好校园网络，创新网络思想政治教育，把一切具备传播功能和媒介属性的载体和平台都作为传播渠道并纳入管理体系，积极推动校园媒体与新媒体的融合发展，更新传播模式。

（二）以手段创新提升高校宣传思想工作新能力

手段是宣传思想工作的船和桥，手段创新是提升宣传思想工作水平的重要保证。宣传思想工作要始终保持蓬勃生机，就必须适应新形势、立足新实践、创造新手段。一是要改变传统方法。在意识形态的管理上，既要敢抓敢管，更要着力创新方法，尤其是要善于通过网络来关注师生思想领域的新情况、新动向。在主流思想舆论引导上，要继续保持和发挥传统媒体的作用，通过校报和电视的数字化、网络化使其焕发新的活力，坚持深度报道、专题报道的转型方向，确立内容优势，与新媒体实现融合发展、错位发展。二是要学会新手段。新兴媒体的迅猛发展改变甚至颠覆了宣传思想阵地的传统格局。为此，高校宣传思想工作必须充分用好新媒体这一新手段，在传统新闻网的基础上，重点打造以微博、微信、微视和客户端为重点的"三微一端"的新媒体平台，用新的传播媒介来推进理论创新和凝聚价值，传播感人故事，使传播内容贴近师生心灵，通过多渠道、多媒体、多平台发布信息，实现对师生、校友、社会受众的全面覆盖及最佳传播效果，形成更大的舆论覆盖面和更强的宣传影响力。三是要善用多种手段。既要善于使用传统媒体的手段，又要善于运用新媒体的手段；既要善于使用理论文章、报告演讲、典型引路等正面教育手段，又要善于运用文学艺术、娱乐时尚、校园文化活动等潜移默化的教育手段，寓教于乐，形成强大的宣传合力和良好的校园文化氛围。

（三）以体制机制创新构建高校宣传思想工作新保障体制机制

创新是宣传思想工作改革的关键。要实现体制机制创新，就必须敢于打破旧有的机构设置、管理方式的藩篱，构建有利于科学决策、高效运行、明确责任的工作载体。

1.要做好顶层设计

当前高校宣传思想工作的内容范畴和过去相比已大大延展，从传统的思想教育、新闻宣传、文化建设三大板块拓展到思想理论建设、哲学社会科学学科建设、师德建设、意识形态阵地管理、网络建设与管理等诸多方面，涉及学校十几个部门，单靠宣传思想部门来完成已根本不可能。为此，必须构建党委统一领导、党政工团齐抓共管、党委宣传部门牵头协调、部门院系共同参与的工作机制。学校应成立宣传思想工作领导小组，由其统筹领导全校的宣传思想工作。在领导小组下面还应成立三个专门委员会：成立意识形态工作委员会，统筹意识形态管理；成立大学文化建设委员会，统筹管理学校文化形象的提升、文化环境的优化、文化品牌的塑造工作；成立学校网络安全管理委员会，改变过去网络建设和管理多头分散、权责不清的状况。

2. 要明确责任

学校党委书记和校长要站在意识形态工作第一线，建立并落实意识形态工作责任制、问责制、督导制，把意识形态工作纳入各级领导干部考核工作中。

3. 要建好基础阵地

明确各基层单位宣传工作的分管领导，明确党委宣传部对基层党委宣传委员的工作指导职能，明确基层单位宣传联络员的职责和待遇，定期开展总结、表彰工作。

4. 要加强工作队伍建设

统筹推进马克思主义理论人才队伍、思想政治理论课教师队伍、辅导员队伍和网络宣传队伍等各支队伍的建设，尤其是要高标准选配宣传思想工作干部，选拔出政治坚定和在理论上、笔头上、口才上有专长的优秀干部，着力打造政治坚定、素质过硬、作风优良的高校宣传思想工作队伍。

三、思想理念从传统化到创新化

第一，在相当长的时期内，高校思想政治教育者是以传授理论知识为主，按照主题来设计理论板块，如爱国主义、集体主义、社会主义教育，以及理想、道德、纪律、法制、国防和民族团结的内容的。纯粹的理论知识讲授难免会枯燥、乏味、单调，也会使理论与大学生的实际需求、社会现实问题以及社会实践环节相脱节，背离了需求是产生行为的原始推动力这一原则。通常情况下，高校思想政治教育工作者在载体使用上主要以黑板、粉笔等传统的教学工具为主，现在虽然增加了多媒体教学环节，但从总体上看，思政课堂仍缺乏新鲜感和吸引力，无法将学生吸引到课堂中来。高校思想政治教育工作者应该把握时代的脉搏，从大学生的实际需求出发，充分发挥新媒体的优势。

第二，在传统的思想政治教育模式中，教育主体的身份具有确定性，而新媒体条件下思想政治教育交往主体具有不确定性；在传统思想政治教育中，教育主体往往处于主导、权威者的位置，新媒体条件下思想政治教育则更多地强调主客体之间的互动和平等交流，基于此，新媒体条件下，大学生思想政治教育模式应该充分体现出立体性、动态性和超时空性，改变仅仅以"熟人关系"

模式来传授知识和进行价值引导的模式。新媒体时代，大学生思想政治教育应当实现内容与形式的完美融合。

第二节　体制机制创新

一、大学生思想政治教育体制机制现状

目前，大学生思想政治教育体制和机制有了长足的进步。从体制上来看，基本形成了党委领导下的三级管理模式，在学校层面由党委学生工作部统管；在院系层面，由总支负责；最基层有班级和支部的设置。从机制上来看，也积极探索了科学决策机制、目标管理机制、项目管理机制、有效动员机制、信息反馈机制、稳定预警机制等多种有效机制，不断促进思想政治教育实效性的提高。但随着新时期高校思想政治教育工作的发展和学生群体特征的变化，我国大学生思想政治教育在体制和机制上还存在着一些问题。

（一）体制上存在的主要问题

1. 高等教育体制的分工模式制约了"全员育人"目标的实现

高等教育体制决定了我国大学生培养工作被人为地分割为智育和德育，这集中体现在两方面：在领导层面上，智育即教学工作往往由一位副校长分管，德育即思想政治教育工作或学生工作由一位党委副书记（有的兼任副校长）分管；在执行层面上，智育工作由教务部门负责，德育工作由思想政治理论课教学部门和学生工作部门负责，在德育内部，也被人为地分割为课堂内的思想政治教育工作和经常性的思想政治教育工作。这就导致学生培养工作无法在一个统一的思路和框架下进行。虽然很多的高校已经创设了各类沟通与合作机制，但却无法从根本上解决整体培养的问题。

"全员育人"是《中共中央国务院关于进一步加强和改进大学生思想政治教育的意见》中提出的重要主题，文件颁布以后，各高校纷纷召开会议，推动"全员育人"格局的形成。但从目前来看，高校全员育人的平台相对缺乏，全员育人的氛围尚未形成。学校的教学、科研、管理等方面或多或少存在着与德育相脱离的现象。在现有的体制下，高校无法有效动员教师、管理人员和服务人员开展工作，"全员育人"只能流于形式。

2. 思想政治教育三级管理传输链条过长且制约了教育效果

从纵向上看，现有的思想政治教育三级管理模式事实上形成了党委副书记（副校长）—学生工作部门—院系—班、年级（楼）四级链条，思想政治教育工作信息和任务在层层传输的过程中存在比较严重的"耗散"现象。分管领导和学生工作部门往往重视教育理念和教育规划，院系和班年级（楼）往往更重视事务性工作任务的完成，这就导致学校的育人理念和德育内容在经过一条较长的传输链条后很难抵达学生层面，较为严重地制约了教育效果。

3. 思想政治教育系统内的分工导致德育工作缺乏整体推进的动力

从全国范围来看，只有少数高校实施的是"大学工"模式，即招生办、团委、武装部、心理咨询中心、就业指导中心由学生工作部（处）统一管理，这种模式有利于德育工作的整体推进。但对于大部分院校而言，招生办、团委、就业指导中心等是学校独立的部门，少数院校甚至存在更为细化的分工。各个思想政治教育工作部门独立制订工作计划，缺乏彼此协作、整体推进德育工作的动力。尽管各高校都由一位党委副书记（副校长）统一分管思想政治教育工作，但现有的分工体制决定了各部门还是依据自己的工作开展情况制订规划，推动部门职能范围内的工作，思想政治教育系统内的合力还比较弱，有待调整和改进。

（二）机制上存在的主要问题

1. 思想政治教育目标机制和规划机制尚未构建

由于思想政治教育向来被看作一项软约束的工作，高校领导和思想政治教育工作部门普遍感觉思想政治教育工作者很难制定有效的目标和规划，从而导致工作计划性不强。第一，学校的五年规划和年度工作要点中与学生思想政治教育相关的内容往往都是务虚的；第二，随着学校分管领导或部门领导的变更，思想政治教育工作重点差异性非常大；第三，目标和规划务虚导致院系和基层辅导员在开展工作的过程中缺乏明确的目标概念和阶段概念。这些不利于思想政治教育实效性的提高，因此高校有必要逐步探索思想政治教育的目标机制和规划机制，将工作落到实处。

2. 思想政治教育过程控制机制和质量评估机制尚不成熟

思想政治教育机制的另一个问题是过程控制机制和质量评估机制还不成熟。近年来，随着国家对高等教育质量的重视，高校思想政治教育也越来越重视过程控制和质量评估问题。思想政治教育的考评也逐渐从工作任务的考评向质量评估转变，部分高校开始探索思想政治教育质量评估的指标体系。但从目前来看，这项工作还处在起步阶段。从过程控制来看，如果将高校思想政治教育工作划分为教育类工作和事务类工作，目前的过程控制机制能够保证事务类工作得到有效执行，但教育类工作的推进控制却得不到很好的保证。从质量评估来说，从工作任务的考评向全面的思想政治教育质量评估的转变还有很长一段路要走，其关键在于全面质量评估指标体系的构建。

二、大学生思想政治教育体制创新

随着我国经济社会的发展和高等教育改革的不断深入，大学生思想政治教育领域出现了许多新的变化。一是思想教育的专业化，高校将思想政治教育课程列入了教学计划。二是思想政治教育工作出现了经济资助、法律事务等一系列新的职能，导致学生事务中行政事务大量增加。三是全面素质教育实施以来，人们越来越清晰地认识到，高校需要引导学生在德育、智育、体育、美育等方面实现全面和谐的发展，高校内部必须加强德育与智育之间的合作，即加强学生事务部门与教务部门的合作、学生事务部门与其他部门的合作，形成全员育人的氛围。这些都对我国高校领导体制的变革提出了新的要求。

（一）大学生思想政治教育领导决策体制创新

领导体制是一条连续的权力路径，从组织的高层扩展到基层，将组织中所有的成员连接起来，明确"我有问题去找谁"以及"我向谁负责"。对于领导体制的变革，我们提出了三个方面的考虑。

1. 从党委单一领导到党委领导下的学生工作委员会——构建思想政治教育决策中枢系统

第一，党委和行政明确分工。党委是学生事务的领导者和决策者，主要研究和学生事务相关的思想、方针、任务和政策等重要问题，制订总体规划与实施计划，定期分析学生思想政治状况和德育工作状况。学校行政部门（院、系）是德育工作的具体实施者和执行者，校长需要对德育和智育工作全面负责，协调好党务部门和行政部门的关系、学生事务部门和教务部门的关系，增加人才培养在院系工作考核中的比重，院长和系主任必须亲自过问学生工作。

第二，部署与实施科学协调。学生事务与学术事务、党务部门与行政部门之间的配合与协调需要实现经常化、制度化和系统化。学生工作委员会是实现部门间协调配合的途径之一。校长和书记等学校主要领导要定期召开学生事务部门与学术事务部门的联席会议，对一些重大问题进行研究和探讨，对一些具体的工作进行部署和过程控制。

第三，逐步构建思想政治教育决策中枢系统。大学生思想政治教育决策中枢系统是指由具有决策权的领导者组成学生思想政治教育工作的领导核心，由其管理相关工作。中枢系统是行政决策体制的核心，其他构成系统都是在中枢系统的领导下开展工作并为它服务。该系统应当由党委书记、分管党委副书记、分管副校长、学工部（处）长、研工部（处）长、团委书记以及分管学生思想政治教育、学生管理、心理健康教育、职业发展教育的副部（处）长组成。学生思想政治教育是高校人才培养工作的关键环节，应当采取集体决策的方式，让集体成员共同对决策实施后果负责。

2. 从经验决策到科学决策——构建学生思想政治教育决策咨询系统

大学生思想政治教育工作咨询系统是指协助决策中枢系统进行正确决策的辅助性机构，由学生思想政治教育工作相关学科的专家学者以及部分资深基层思想政治教育工作者组成。从思想政治教育工作咨询系统的类型来看，可以根据咨询机构或人员与中枢系统的关系的疏密程度，将其划分为主从紧密型、主顾松散型、自主开发型三类。主从紧密型是指隶属于高校党委或思想政治教育工作部门的研究机构，如学校政策研究室、学生工作系统设立的青年研究中心或大学生研究中心；主顾松散型是指受聘于学生思想政治教育工作系统的兼职专家集团，如思想政治教育专家顾问委员会、教育行政管理部门的思想政治教育理论研究会、校内外相关专业院系等；自主开发型是指提供思想政治教育工作决策咨询有偿服务的机构或人员，这在国内思想政治教育系统中还不常见，但也是一个发展趋势。

3. 从单一信息渠道到健全信息网络——构建学生思想政治教育决策信息系统

大学生思想政治教育决策信息系统是由信息源、信息工作队伍、信息工作机构、信息传输手段、信息工作制度等要素组成的，是集信息收集、加工、存储、传递功能于一体的有机整体，是中枢系统的重要辅助系统。学校党委信息调研秘书—思想政治教育工作信息工作人员—院系思想政治教育工作信息工作人员—辅导员（班级信息员）是现有高校思想政治教育工作体制下常见的信息传输渠道。信息系统是为学生思想政治教育工作提供有效信息服务的系统，建立信息系统的根本目的是促进科学决策，提高思想政治教育工作的水平。信息系统是各类学生信息和工作信息与决策者、执行者之间的桥梁；对信息系统进行不断调整和改进，有利于提高信息处理的效率，提升思想政治教育工作决策的科学性、针对性和实效性。

（二）大学生思想政治教育执行体制创新

随着高校教学管理改革的开展，尤其是完全学分制的推行，学生将不再严格归属于某一个院系或班级。这对当前大学生思想政治教育组织结构模式带来了挑战，也为其变革提供了契机。

1.横向上，在学校层面设立若干个学生工作职能中心

在当前高校的机构设置中，承担学生思想政治教育工作的部门有很多，虽然学生工作部、团委、就业指导中心等部门是学生事务机构的主体，但还有不少职能分散在"兼职部门"，职能的交叠以及分管领导的不同，严重影响了学生事务的专业化程度。高校可以根据工作需要将学生工作部（处）、团委、招生办、教务处学籍管理科、就业指导中心、总务处宿舍管理科、武装部、体育教学部、校医院等部门和科室进行重新组合，形成功能专一的新机构，建立由直属党委副书记或副校长领导的多个中心，如招生注册中心（招生、学籍管理）、学习辅导中心（学风建设、学术咨询）、住宿生活指导中心（宿舍管理和宿舍生活）、行为指导中心（日常管理和行为管理）、就业指导中心（职业和人生规划）、心理咨询中心（心理教育和咨询服务）、健康服务中心（健康预防和医疗保险）、学生活动中心（校园文化、社会实践）、勤工助学中心、经济资助中心、思想政治教育中心等。可将上述各中心依工作性质分成学生教育、学生管理、学生服务三类，分别由学生事务副校长助理分管。在这种划分方式下，学生事务的机构设置切块很小、分解较细、职责单一，各管理部门间不重叠，管理人员不交叉，左右协调，各司其职，能确保在学生事务工作中发挥整体效能。

2.纵向上，部分高校可尝试构建各级管理体制

在学生人数较少、思想政治教育从业人员素质较高的学校，可尝试扁平化运作方式，弱化中间管理层，加强管理力度，减少管理层次，提高管理效率。院系一级不再设立学生思想政治教育组织机构，根据不同职能成立的学校一级中心直接面对学生开展工作，将三级管理体制简化为二级管理体制。心理咨询中心、学生服务中心、学生活动中心等都直接面向学生，直接向学生提供学习

和生活方面的信息和建议（包括新生入学介绍、学习方法指导、课程选择指导、成长与发展咨询、心理咨询、学生对学校部门或具体工作人员的投诉等），解决、解答和处理与学生相关的问题。需要强调的是，在这种模式中，虽然院系层面的学生思想政治教育机构被剥离，但辅导员制度仍有必要予以保留，可以考虑让辅导员在带班的同时承担学校层面某中心的相应职能工作。

3. 部分高校可通过充实"中场发动机"和引入矩阵组织来优化

对于学生人数较多的高校来说，可继续保留院系一级的学生工作机构，但可以考虑通过若干个院系学生工作办公室横向联合，做大做实院系一级的"中场发动机"，实现资源整合与共享。对于职能部门，可以通过引入矩阵化组织，优化组织结构，加强部门的横向延展，重组分散在部门的各种资源，优化资源配置。矩阵组织结构的最大特点在于组织成员可以属于不同部门，也可以临时组建一个新的部门。其优势在于当组织的各种活动比较复杂又相互依存时，可以快速响应学生需求，协调各种活动，并使信息迅速传递。

三、大学生思想政治教育机制创新

大学生思想政治教育工作机制包括管理机制、教育机制，动员机制、保障机制、评价机制、激励机制、督导机制等。思想政治教育工作机制创新主要指思想政治教育工作机构及运作模式的不断变化与调整。这里的创新既有对传统的继承，也有对新的机构设置与相应运作模式的探索。

笔者着重从思想政治教育的过程角度进行规划机制、控制机制和评估机制的研究。

（一）规划机制创新

思想政治教育规划机制主要体现在确定目标、选择方案和反馈调整等方面。我们认为，在思想政治教育规划机制中，要处理好以下三对关系：

1. 处理好务虚与务实的关系

思想政治教育工作在重视实际的同时，也要注重务虚。科学的务虚有助于我们认清形势、把握趋势、少走弯路、提高效率。务虚的主要形式有以下几种。第一，定期组织思想政治教育工作者对思想政治教育工作的理论、思想、政策等方面进行研讨，尤其是在做重要决策时，更有必要召开各职能部门联席会议，对决策的可行性进行分析和研究，对思想政治教育活动的发展规律与走势进行宏观把握。第二，建立高校思想政治教育研究中心等研究平台，在思想政治教育工作队伍中形成崇尚思考和研究的氛围，加快研究成果孵化，推动思想政治教育工作由"实践型"向"实践—研究型"的转变。但是，务实与务虚是相互促进、相辅相成的。通过务虚获得了科学的规划和指导后，仍然需要通过扎扎实实地开展工作才能最终实现教育效果。

2.处理好继承与创新的关系

思想政治教育工作面临着很多新形势和新问题，要求我们不断开拓创新。从目前来看，高校思想政治教育工作者不断推出新的品牌和项目，拓展新的载体、搭建新的平台，但历史上形成的很多好的经验却因为形式相对陈旧被忽略甚至遗忘了。我们认为在进行思想政治教育规划时，一定要处理好创新与继承之间的关系，注重创新并不意味着全盘否定传统的工作内容、方式方法和基本原则。事实上，创新中有亮点，传统中也有精华，创新中的亮点要经过证明才能成为精华，传统中的精华则是已经被证明的，不能全部否定，但需要与时俱进。我们应该在继承中创新，在创新中积淀。

3.处理好长期目标与短期目标的关系

思想政治教育的目标可以分为两个层次：长期目标和短期目标。长期目标随情况的改变而调整。短期目标则是执行性的目标，其时限常在一年以内，常常由长期目标分解而成，是长期目标的具体化。只有把长期目标和短期目标结合起来，才能最大程度地发挥出规划的指导作用，既不会把握不好节奏，也不会缺少整体方向。系统内各部门和各单位的长期目标、短期目标应以整个系统的长期目标、短期目标为依据来设立。

（二）控制机制创新

思想政治教育控制机制可以分为常态控制机制和非常态控制机制两类，分别用以对思想政治教育正常运行状态的控制与思想政治教育过程中各类突发状况下的预警控制。

1.常态控制机制

任何教育活动在实施的过程中都需要一定的控制手段来保证教育目标的实现。事实上，控制机制种类繁多，我们选了比较有代表性以及较易应用于思想政治教育实践的三种控制机制予以说明。

第一，沟通机制。沟通机制是控制活动最基本的手段，有效的沟通对化解冲突、建立控制机制是极为重要的。高校思想政治教育工作者首先要加强工作系统内部的沟通，使有关文件精神能够及时有效地传达，使思想政治教育工作的目标为各个部门、各位思想政治教育工作者所了解和理解，形成系统内部的协调一致性。其次，要加强教育主体与客体之间的沟通，及时了解学生的思想和行为动态，掌握学生的接受情况和反馈情况。最后，要改善外部沟通，加强学校与社会各方面工作力量的整合，形成良好的工作氛围。

第二，时间管理机制。必须明确思想政治教育的总体目标，将其分解为具体的阶段目标，不断监测目标的执行情况，确立重要的时间节点，进行基于该节点的工作进度和教育效果的测评。一方面，对前一阶段思想政治教育工作进行检验，看其是否严格遵守了时间进度，是否达到了预期的目标。另一方面，为调整思想政治教育工作的政策和方针作重要的参考。要把过程控制和目标管理结合起来，使思想政治教育严格按照既定的目标实施，以确保达到预期的教育效果。

第三，项目管理机制。项目管理机制是一种基于矩阵化组织结构的运行机制。为了达到某一个教育目的或实施某一个教育过程，可以召集隶属于不同部门甚至不同系统的人员，临时组建一个项目小组，在某一段特定时间里，以项目小组的名义开展工作。项目管理机制的优势在于加强系统与系统之间、部门与部门之间的横向联系，使信息在各组织间迅速传递，也有助于快速、灵活地应对学生需求；资源利用率高，组织灵活性和应变能力强，能够实现较为理想的人、财、物等资源的配置，从而获得较大的效益；另外，易于培养专业人员的合作精神和全局观念，有利于推动创新。

2. 非常态控制机制

思想政治教育中难免会发生一些突发状况，这便要求我们针对可能发生的突发公共事件，提前建立一种分工明确、权责分明、部门之间协调运作的应急预警控制机制，防患于未然，维持学校的稳定。新形势下应加强和改进思想政治教育，从以下两方面着手实现非常态下的控制机制的创新。

第一，完善现有的以稳定为主的预警控制机制。从危机管理理论和现代控制理论角度出发，面对一些可能发生的高校各类突发公共事件，高校应建立一套成熟的预警控制机制。危机管理机制主要包括危机预防、危机处理和危机解决三方面的内容。高校还需建立危机管理的组织及制度，以应对未来可能发生的危机。此外，在当前互联网自由与开放的环境下，还要建立网上信息监控机制，规定网络各责任主体与其网络行为具有可追寻的对应关系，切实做好网上突发事件的防范和应急处理的准备工作，从而形成统一协调、快速反应、处置有力的网络信息监控机制。

第二，逐步建立教育效果预警控制机制。在目前的思想政治教育实践中，这一块几乎是空白的。而事实上，思想政治教育机制表现出了明显的目标性和规律性。首先，思想政治教育具有明确的目的性和指向性，不仅指示了思想政治教育各项工作的方向，也规定了思想政治教育应达到的效果，思想政治教育的具体目标是由总目标分解而成的，统一于总目标之中，思想政治教育工作应始终沿着目标所规定的方向运转。其次，思想政治教育是由其产生和赖以存在的客观条件所决定的，因而具有客观必然性，思想政治教育机制是思想政治教育实际的客观反映，在运行中必然呈现出许多有规律性的特点。思想政治教育机制的目标性和规律性，使得建立教育效果预警控制机制成为可能。

（三）评估机制创新

大学生思想政治教育工作评估机制应当从系统内部评估和系统外部评估两方面来建立，多角度和全方位地实现对思想政治教育的评估。为此，我们提出了以下两种思想政治教育评估机制的创新方法。

1. 思想政治教育系统内部评估的改进

思想政治教育评估指标体系必须反映高等教育的自身特点和规律，必须反映高校思想政治教育工作的特殊本质，必须紧扣大学生这一特殊知识群体思想行为的实际特点，各个指标必须可以进行定量化测量。思想政治教育系统内部评估应注意以下几个方面：

第一，综合性。思想政治教育的内容极为丰富，教育成果具有多样性，因此设立的评估指标既要能反映物质成果，又要能反映精神成果。在指标的设计中应以人的思想、情感、态度等精神因素为主，还应包括物化后的成果，即德、能、勤、绩各个方面的表现。

第二，动态性。思想政治教育效果必然是滞后于教育本身的，往往是在实施教育之后的一段时间内才得以体现。若用静止的观点看待评估，仅凭一次评估活动就对教育的效果下结论，那这样的结论往往是不准确的，评估工作应经常性、动态性地进行。

第三，对比性。思想政治教育效果表现形式的复杂性决定了思想政治教育评估应经常从纵向和横向的对比中来对教育效果进行判断。纵向对比即将实施教育的前后状况进行对比，通过观察其间的变化来进行效果的分析与评价。横向对比即将同一类对象进行比较，从它们的差异性中进行教育效果的分析与评价。

第四，系统性。首先，思想政治教育是一个完整的科学体系，因此在评估中要做到局部与整体的有机结合。其次，思想政治教育效果的形成受到社会客观条件的制约和内部各系统之间相互作用的影响，因此，评估工作者既要充分估计社会大环境对思想政治教育效果所产生的积极或消极影响，又应十分注意对思想政治教育活动中的各个环节和各种影响做出分析和评价。最后，思想政治教育评估总是针对一定的对象展开的，群体与个体的对象之间存在着不同的层次差别，评估工作者应当根据不同的对象设计评估要求和指标，只有这样评估才切合实际，才具有针对性和可行性。

2. 使更多的主体参与到思想政治教育评估中

大学生思想政治教育可以从思想政治教育工作基本要素出发，引入专业教师评估、学生评估以及校外机构评估方式。

第一，专业教师评估。调查显示，目前专业教师几乎不参与思想政治教育评估工作。而事实上，思想政治教育与专业教学之间密切相关的要素。通过引入专业教师评估方式，让专业教师从专业教学的角度来分析、评判思想政治教育工作，提出他们的见解，从而使思想政治教育工作得到进一步的改善。

第二，学生评估。广大的学生是思想政治教育的接受者，他们是最有发言权的。首先，学生评估的内容可依照思想政治教育的主要工作职责设置，分为学生教育、学生管理及学生服务三大板块。其次，评估形式可分为主观评估和客观评估两类，了解学生对所接受的思想政治教育的主观感受，让学生提供一些反映思想政治教育工作开展情况的客观数据。比如，依据《辅导员工作职责条例》，学生可以反映辅导员工作是否达到了一些硬性指标。

第三，校外机构评估。校外评估机构往往能够从专业视角，借助管理科学中的检测、评估方法，对思想政治教育工作的实践结果进行多形式、多层次、多方面的综合性评估，并且由于他们是站在第三方的立场上进行评估的，因此他们给出的评估往往更为客观。在美国，各个州设有学生事务质量评估委员会，其对各高校的学生服务处（或称学生发展处）的工作进行评估，以学生服务的情况进行排名。另外，也有一些行业协会承担上述的职能。但是，目前我国还没有类似的组织。我们认为可以考虑建立诸如高校思想政治教育理论研究会、教育科学研究会等组织机构，由其来承担思想政治教育校外评估的职能，探索有效的评估机制，发挥其对思想政治教育工作开展的导向作用。

第六章 大学生职业生涯规划教育
与创业教育

第一节 大学生职业生涯规划教育概述

一、职业生涯规划与人生

（一）职业生涯的含义

职业生涯是指一个人一生中的职业历程。与职业不同，职业生涯是一个发展的概念，即将个人的职业生活看作一个动态的过程，具有浓厚的个人色彩。它不仅包括过去、现在和未来那些可以实际观察到的职业发展过程，而且还包括个人对职业生涯发展的见解和期望。

一个人的职业生涯是一个漫长的过程。他可能一生只从事一种职业，持续而稳定地在此岗位上晋升、提高；也可能由于个人兴趣、能力、价值观以及工作环境的变化而从事不同岗位、职业甚至行业。现实中大多数人还是希望找到一种相对稳定的、适合自己的职业。

具体而言，职业生涯是以心理开发、生理开发、智力开发、技能开发、伦理开发等人的潜能开发为基础，以工作内容的确定和变化，工作业绩的评价，工资待遇、职称、职务的变动为标志，以满足需求为目标的工作经历和内心体验。人生过程分为少年、成年、老年几个阶段，而成年阶段时间最长，是人们从事职业生活最重要的时期，是人生全部生活的主体。简单地说，在职业社会中，人的生涯就是职业生涯。从总体上看，人的职业生涯具有独特性、发展性、阶段性、整合性、互动性的特征。

（二）职业生涯规划教育

1.职业生涯规划教育的理论基础

第一，基于职业的本质与作用：职业是社会分工的产物并随着社会分工的变化而变化。不同的职业把劳动者区分在不同的职业岗位上，职业成为人与社会联系的纽带。职业是不以人的意志为转移的客观存在，认识职业是选择职业的前提。

第二，基于教育的本质与价值：教育的价值就是使人社会化。社会化是教育的总目标，通过教育使自然人成为特定社会中的社会人，使个体成为社会的合格成员。社会化的一个核心内容是使人职业化，因为职业是一个合格的社会成员所必须从事的，是其一生中占主要地位的活动。作为一个合格的国家公民，不仅要接受一定年限的基础文化教育，而且也应该受到基本的职业教育。职业生涯规划教育是教育的一个组成部分，是全面素质教育的不可缺少的组成部分。

第三，基于经济学、劳动学关于劳动力的本质与价值的学说：在社会主义市场经济条件下，实现就业的含义是劳动者根据对自己劳动力的所有权，通过与使用这个劳动力的一方共同一致的意志行为，通过签订合同等形式，自主让渡自己的商品（劳动力），占有别人的商品（一般以等价物货币表现）——取得劳动报酬，以维持生计，因而具有商品的性质。但是劳动力又是一种特殊的商品，与一般的商品不同。首先，劳动力这种商品与持有者不可分离，劳动力的持有者—人不是商品，而是具有独立自主意识的个人。因此，这种让渡是有限度的（用人单位购买的是劳动力不是劳动者），这种选择是双向的（其他商品没有自我选择买主的可能）。用人单位有选择、聘任、解聘的权力和自由；就业者有择业、应聘、辞职、转业的权力和自由。其次，劳动力的价值仅能在一定含义下表现出来。劳动力以等价物表现的交换价值，仅在以维持劳动力再生产的需要为衡量尺度这样一个特定的意义上存在。事实上劳动力是最积极、最活跃的生产能力，人是无价之宝。所以，劳动力就其实质而言也是无价的。劳动力的交换价值表现在其职业资格上，而其价格仅表现在一定意义上的劳动力再生产的价格上。一个有着独立意识的人，在选择职业时不仅会考虑经济收入等因素，也会考虑工作的价值、意义、个人的兴趣爱好等因素。

第四，基于人与职业的矛盾关系和心理学有关人—职匹配的研究：职业产生于社会分工中。职业的产生、变化或消失不以人的意志为转移；而职业的载体是具有独立意识和不同个性特征的人；不同的职业对人的素质又有不同的要求。因此，职业与个人之间存在着一种先天的矛盾关系。个体要实现就业就必须了解社会、了解职业，协调个人与社会的关系；在不能满足自己的愿望时，要能够处理好个人的兴趣和现实之间的矛盾。

各种职业之间的差异和个人之间的差异是客观存在的，并不是每个人都同样的适应某种职业。在人与职业之间存在着某种匹配关系。所以，在个人与职业之间又存在着一种先天的适应性。关于这方面的研究比较有代表性的理论有特质—因素论、人格—职业类型论和发展理论等。

2. 职业生涯规划教育的任务与目标

第一，职业生涯规划教育的任务——学会生存：生存问题是人类发展的一个主要问题，传授经验与技能是任何时代教育的一项基本功能。学界对学会生存的理解主要有两种。一种观点认为学会生存就是让学习者学会如何保护自己，如何在危险的环境中脱险，另一种理解是通过教育与培训使学生掌握今天职业生涯的基本技能，能够在未来的社会中生存与发展。

生存教育是以培养和训练学生生存能力为主要目标的教育，是着眼于学生一生发展的教育，是面向所有学生的教育，是素质教育的主要内容，是职业生涯教育的实质。生存教育的终极目标是让学生学会生存，形成一定的生存能力。生存能力是个人为了自身的生存与发展，通过自身的努力，不断地适应生存环境的综合能力，是人发展的一项重要能力。

职业生涯规划教育的着眼点就在于通过培养学生综合性的职业素养，使学生具有生存与发展的能力，提高自身的综合能力，在自身的不断发展中，为社会的发展与进步做出贡献。

第二，职业生涯规划教育的目标——就业、创业教育：目前正在全球兴起的就业教育与创业教育的主要特点是，从学生的实际出发，根据经济社会的发展变化，通过各种教育手段，在教育过程中提高学生发现问题、分析问题和解决问题的能力；同时，又特别强调培养学生的自我意识、参与意识和实干精神，使学生掌握职业生涯知识与创业技能，以使其能在社会生活中成功就业或开展进行创业活动。

就业教育有广义与狭义之分。广义的就业教育包括一切形式的教育，基础教育是就业教育的基础，职业教育、高等教育与成人教育等均属于就业教育的范畴。狭义的就业教育是指对于即将毕业的中高等教育毕业生进行择业方向、就业心理和就业指导等方面的教育。当前，我国教育界比较重视对中高等教育院校学生的就业教育，甚至把学生的就业率作为衡量学校办学水平的一个重要条件，就业率也是众多家长与学生择校时考虑的因素之一。广义的就业教育还没有引起人们的足够重视，特别是在基础教育阶段，学校往往缺乏对学生就业与升学方面的指导，忽视对学生职业理想与职业综合素质和创业精神的培养。因此，从基础教育阶段起实施职业生涯教育，把就业创业教育贯穿于人一生的发展中，培养学生的职业技能，提高学生的职业素质，对于缓解社会的就业压力与促进人的发展具有重要意义。

创业教育实际上是一种培养人的创业意识、创业技能的教育活动。创业教育是指充分挖掘学生的潜能，以培养学生的创业基本素质和创业综合能力为目标的教育。创业教育以提高学生自我就业能力为目的，尤其注重培养学生创业的精神和能力，力求使更多的谋职者变成职业岗位的创造者。与传统的就业教育相比，它不是直接帮助学生去寻求工作岗位，而是教给学生寻找或创造工作岗位的方法。

创业教育的各内容之间是一个统一的整体，它们相互促进、协调发展。职业生涯教育具有不同的发展阶段，不同学习阶段的主要教育目标不同，创业教育是职业生涯教育的最高层次，是职业生涯教育的最终目标。创业教育不是一蹴而就的，是以职业生涯规划教育整个发展历程为背景的，也就是从基础教育做起，使学生逐渐认识到职业与社会、职业与人生、职业与生活、职业与学习等方面的相关知识，树立积极向上的人生观与价值观，形成良好的职业技能与创新能力。

二、大学生职业生涯规划教育

（一）大学生职业生涯规划教育的内涵

大学生职业生涯规划教育是指学生个体在对过去成长背景，目前资源条件和将来可能路径的自身主观和环境客观因素进行分析、总结和测定的基础上，初步确定事业奋斗目标和实践这一目标的职业，并制定出相应的学习、教育和培训行动计划，对每一个步骤的实践、顺序和方向做出合理安排和实践的过程。由于每个学生在个性类型、文化资本构成、价值观、能力、职业生涯目标、对成功评价的标准方面不尽相同，因此每个人的职业生涯规划会有所差别。这就需要大学生根据自身的职业兴趣、性格特点、能力倾向以及自身所学的专业知识技能等因素进行综合考虑，同时在考虑各种外界因素的前提下，把自己定位在一个最能发挥自己长处的职业目标岗位上，最大限度地实现自我价值。职业生涯规划没有一套固定的模式，个人只能根据自我的实际情况，并参考组织或者教师、家长和他人提供的建议来进行规划。

（二）大学生职业生涯规划教育的特征

1. 可行性

职业生涯规划必须依据个人及所处环境的现实情况来制订，从而使其成为能够实现和落实的计划方案，而不是不着边际的幻想。比如，大学生在进行职业生涯规划时要考虑所学的专业，考虑今后从事的职业需要什么知识和能力。如果所学非所用，或者理想职业所要求的能力你没有，可以说，你的职业生涯规划是不可行的。当然，所学非所用的现象在职业生涯中比比皆是，那都是没有进行职业生涯规划或者职业生涯规划失败所导致的后果。

2. 适时性

职业生涯规划是对未来的职业生涯目标及对未来职业行动的预测。因此，各项活动的实施都应有时间和顺序上的安排，以便作为检查行动的依据。

3. 灵活性

规划未来的职业生涯目标与行动，涉及许多不确定因素，因此，规划应具有变通性，随着外界环境及自身条件的变化，个体应及时调整自己的职业生涯规划方案，以增加其适应性。

4. 持续性

职业生涯目标是人生追求的重要目标，职业生涯规划应贯穿人生发展的每一个阶段，通过不断调整与持续的职业活动安排，最终实现职业生涯目标。在一些发达国家，由学校承担的职业生涯辅导教育从幼儿园开始，进入高校之前，学生已经经历了职业生涯的认识阶段、探索阶段、准备阶段和安置阶段。因此学生在进入大学前已经明确社会需要什么样的人，自己要成为什么样的人，为实现这样的人生目标需要怎样安排自己的学习、培训和工作，并已经具备了基本的职业发展能力。相比之下，我国开展大学生职业生涯规划教育时间较晚，只是近几年才在大学里开设。但对于大学生来说，现在规划职业生涯不太迟，因为职业生涯规划是一个长期过程，它贯穿于每个人的职业准备及职业生涯的全过程。

（三）大学生职业生涯规划教育的作用

部分大学生不能很好地对自身的职业生涯进行规划的原因主要有三点：一是个别大学生对自己缺乏客观的认识，不知道自己想干什么、能干什么，想进行职业生涯规划，但又不知从何下手；二是有的大学生对就业形势认识不够，不清楚社会到底需要什么样的人才，在职业取向上缺乏自己的判断，跟风随大流；三是部分大学生没有意识到职业生涯规划的重要性，随意找工作，任意跳槽。

因此，目前在大学生就业指导工作中，加强大学生职业生涯规划教育工作是十分必要的，其作用主要体现在以下几个方面：

1. 有利于大学生正确地认识自我

有利于大学生确定人生的发展方向。部分高校学生对自己并不了解，尤其是不了解自身的优势和劣势，对未来职业发展没有明确方向，因此在就业过程中对职业选择具有比较大的盲目性和不切实际性。职业生涯规划的重要内容之一是对个人进行分析。通过分析，认识自己，了解自己的性格，找到自己的特点，发现自己的兴趣，明确自己的优势，获取学校外部有关工作机会的信息。通过这些分析，在校大学生可以尽早确定符合自己兴趣与特长的生涯路线，树立职业理想和职业目标，并采取切实可行的方法和措施，不断增强自身的职业竞争能力，实现自己的人生理想。

2. 明确自我的职业奋斗目标

在对自身的职业素质有一个清醒的认识的基础上，职业生涯规划的下一步就是要确定自己的职业奋斗目标。西方有一句谚语说得好：如果你不知道你要到哪儿去，那通常你哪儿也去不了。同样，一个不知道自己想干什么的人，通常什么也干不好。

3. 确保大学生职业发展的有效性和可持续性

大学生职业生涯规划不仅表现在大学生对自己有充分的认识和明确的阶段性职业目标上，还表现在其是否有具体的行动方案上，一步一个脚印，踏踏实实地朝前走，这样就保证了大学生职业发展的有效性。而长远目标的确定也使大学生不会为一些眼前的利益而盲目跟风，而是有条不紊地按照自己的规划发展自己，这样就保证了大学生职业发展的可持续性，这样的发展有利于每个大学生发展自己的个性，走具有自己特色的职业发展之路。

4. 帮助大学生形成良好的就业心态和健康的就业心理素质

在全球经济一体化的背景下，社会经济快速发展，科技日新月异，社会竞争不断加剧，高校大学生在大学期间如果不能体察社会变化，不了解社会发展趋势，在就业时往往不知所措，产生惶恐、紧张不安的情绪，这会使其事业和身心受到严重影响。在职业生涯规划过程中，学生需要不断获得外部信息，学生获得的外部信息越多，其心理上的准备也就越充分，这有助于其培养健康的就业心理素质，形成良好的就业心态，同时大学生要根据社会需要，考虑短期利益和长远发展的关系，合理规划职业生涯。

（四）大学生职业生涯规划教育的必要性

1. 有利于大学生正确评价自己，端正择业方向

高校开展大学生职业生涯规划教育，可以帮助学生对自己的职业兴趣、气质、性格、能力等进行全面测定，使学生清楚自己的优势与特长、劣势与不足。同时，还要进行现代职业分析，如职业的特色性、区域性、行业性、岗位性以及对从业者自身的特殊要求等进行分析。职业生涯教育会使学生对自己有更全面的了解，使学生客观地看待自己的优缺点，正确评价自己，克服盲目自大或自卑的不良心态，端正就业方向，寻找真正适合自己发展的就业岗位。

2. 有利于高等院校学科建设、人才培养的品牌的建立

如今，就业形势十分严峻，大学生就业成了检验学校教学质量的重要标准之一。哈佛大学、剑桥大学、牛津大学等学校由于有严谨的学风，而且十分重视对学生职业生涯规划方面的教育，使学生在接受知识的同时也规划好自己未来的职业发展，所以它们为所在的国家和社会培养了大量的人才。在我国，北京大学、武汉理工大学、东北大学等高校也都十分重视学生的职业生涯规划教育，纷纷开设了一定学时的职业生涯规划教育课程，配备了专业的指导教师和先进职业测评工具等硬件设施，进一步提高了学校的就业率。可以看出，良好的职业生涯规划教育在促进大学生就业的同时，也提升了高校学科建设、人才培养品牌的建立。

3. 有利于我国社会的和谐发展

大学生就业状况涉及社会的稳定与和谐和我国经济的持续稳定发展。大学毕业生应是社会的人才，是社会和谐进步的积极因素。因此，大学生就业不是简单的个体行为，它与我国社会的和谐发展息息相关。所以，高校成功的职业生涯规划教育会使大学生正确认识社会需要和自身价值，找准职业定位，从而施展自己的才华，为社会的和谐进步做出贡献。

第二节　创业教育在大学生职业生涯规划教育中的意义

一、有助于大学生责任意识的培养

创业教育不是单纯的创业概念的植入，是以各种职业素养为基础的综合职业能力的提升。从某种意义上讲，创业教育本质上是素质教育，它与素质教育具有共同的社会文化背景，在"以学生为本，以学生为中心"的教育指导思想的指引下，丰富创业教育的内涵也是素质教育的重要内容。创业教育的基础性目标是让学生毕业后拥有在各个行业、各条战线、各自岗位上开拓事业所必须具备的基本素养而设定的教育目标，它对创业人员的意识、态度以及行为起着支配和控制的作用。该目标的具体要求包括以下几点：要向学生传授一种追求创新的做事精神，要使他们敢于在已有的社会秩序、规范、条件和关系下创造新的秩序、规范、条件和关系，培养他们的创新精神和创新能力；要让学生在激烈的社会竞争中勇于挑战困难，使他们具有坚忍不拔的意志品质；要让学生拥有积极的心态和自信、果断、勤奋、踏实的心理品质；要培养学生的爱心、事业心和社会责任感，让他们树立为集体、为国家、为社会主义事业艰苦奋斗的使命感；要培养学生的团队协作精神和诚实守信的品质。

学生作为教育的主体参与创业教育的全过程，在这样的过程中，学生会以创业项目的参与者的身份出现，在参与创业教育的过程中其自我责任、社会责任、家庭责任都会相应地得到提升。

二、有助于提升大学生的职业生涯规划意识

中国是一个教育大国，学生的主要任务就是学习，十几年的基础教育使大多数学生在头脑中形成了"我要学习"的意识。但是学习之后"我要做什么""我能做什么"却鲜有人关心。相关高校职业生涯意识调查显示：30% 的学生对今后能做什么表现出迷茫，认为世界很大总有容我之处；20% 的学生表示继续深造以期获得理想工作，但对于什么才是理想工作同样不能解释得很清楚；20%的学生表示学校有专业教育，希望从事和专业相关的工作，但对职业前景和就业市场了解甚少；有 10% 的学生属于比较有思想、有闯劲的，想自己创业，想干出一番属于自己的事业，但是对于怎么创业并没有形成具体的概念，对于市场的风险知之甚少。现在的大学生职业生涯意识比较淡薄，造成这种现象的主要原因是现代大学生缺乏职业生涯规划意识。而这种意识的缺乏使得大学生自我认知度、社会适应性、职业适应性受到了严重的影响。

创业教育的出现很好地弥补了这种缺憾。创业教育的基础阶段需要学生有自我认知能力，而这种自我分析能力有助于学生全面了解自我，准确地评价个人特点和强项，以既有的成就为基础，确立人生的方向，从而准确定位职业方向，增强职业竞争力。认知过程也是职业意识和职业能力相结合的过程，这个过程其实就是一种职业生涯规划形成的过程。作为创业项目活动的实践者，学生必须了解市场需求、客户需求，设计自己的创业方案，要把自己的兴趣爱好、专业技能以及特长相结合，这样的训练将使得职业的轨迹在学生视觉中逐渐呈现。它不仅能使大学生在未来走上独立创业或自谋生计的道路，更重要的是能让学生在不断发展变化的社会里，将创业精神和创业能力迁移到各项工作与活动中，使其在发展的道路上更有远见、魄力和创新精神，增强其对未来世界的适应性。

三、有助于提升大学生的创业能力

创业是一股热潮，弄潮者只有掌握了规律才能迎风而上，才能成为实践的赢家。一些大学生创业者往往缺乏这种认知，盲目乐观、草率行事。创业教育的开设可以让大学生充分了解创业应该具备的各种能力。同时，高校应通过创业模拟实践让大学生了解提升创业能力的途径。通常我们所说的创业能力包括经营能力、管理能力、人际关系能力、创新能力、学习能力、团结协作能力、有效沟通能力以及领导与决策的能力。为了培养和锻炼学生的各种创业能力，各大高校在进行创业教育的过程中投入了相当大的人力、财力和物力。通过多年的创业教育之路的探索，很多学校已经构建了较为完善的创业培养课程体系，将创业教学与专业教学融合了起来，将创业能力培养渗透到了学生发展的每一个环节中。创业孵化园、大学生创业中心、大学生淘宝街等大学生创业实践平台的搭建也是创业教育的一个重要环节，这些平台能有效地让学生在创业的实践活动中不断提升自己的创业能力。

四、有助于缓解大学生的就业压力

创业教育的实践过程就是学生职业心理成熟的过程，学生在创业模拟的过程中能体会创业的艰辛，了解行业风险，培养创新意识，提升解决问题的能力。这些良好素养的形成为学生今后的就业打下了扎实的基础，开阔了学生的视野，使学生的主人翁意识进一步增强，使其在就业市场的竞争中能脱颖而出。部分学生甚至通过模拟与实践的结合，摸索出了创业的模式，真正地展开创业，自己做起了老板。同时，创业教育也涵盖了就业指导工作，在培养学生创业意识的同时，也提高了学生的职业适应能力。这些都有助于缓解当今大学毕业生的就业竞争压力，使更多的学生能从容面对就业形势，更好地进行自我定位。

以创业带动就业是 21 世纪我国的主要战略举措。我国明确提出要实施扩大就业的发展战略，使创业带动就业，将扩大就业提升到国家战略的高度，要把创业作为带动就业的核心动力。大学生创业教育工作者担负着这一重任，通过鼓励大学生创业，必然为就业市场提供更多的就业机会，实现让更多的人就业的目标。

第七章　大学生就业指导创新与创业教育

第一节　大学生就业指导工作面临的困境及其破解

一、大学生就业指导面临的困境及其对策

从当前的情况来看，我国高校大学生就业形势总体上来看相对稳定，但仍然非常严峻。因此，党中央、国务院高度重视大学生就业工作，把高校大学生就业工作摆在当前就业工作的首位，为大学生就业提供了良好的政策环境。因此开展大学生就业指导工作机遇与挑战并存。

（一）大学生就业指导面临的困境

1. 大学生在校总量以及就业总量的压力依然存在

我国高等教育已经从过去的"精英教育"向"大众教育"转变，大学生已经由"卖方市场"变为"买方市场"。20世纪80年代，每年全国高校毕业生只有二三十万人，而现在已达到六七百万人，增长了三十多倍。我国高等教育改革确实给了更多的人接受大学教育的机会，但并没有为其带来同样多的就业机会，各大高校把工作重点放在如何解决大学生的入学问题上，每名大学生所应配置的软硬件明显不足，因此各大高校没有从思想上高度重视大学生的就业指导问题就是情理当中的事情，虽然各大高校已开始重视大学生就业指导工作，但是大学生就业指导工作"随意性"开展的现象目前在各大高校普遍存在。高等教育需要发展，但更需要健康发展。今后几年高等学校在校生及应届毕业生数量还会继续上升，大学生在校数量及就业总量在一定程度上加大了大学生就业指导工作的难度。

2. 大学生就业结构性矛盾明显

近几年，我国第二产业得到了突飞猛进的发展，国家资本投资不断加大，这在一定程度上刺激了我国经济的发展，扩大了内需，使钢铁、矿产业、制造业得到了长足的发展，"生产性"岗位的数量迅速增加。而第三产业发展相对滞后，知识技术密集的服务岗位需求不足，第三产业是吸收就业的主渠道，因此社会急需技能型、生产型人才。但由于大学生供给体系改革严重滞后，大学教育计划经济特征明显，高等教育层次单一，课程内容和设置僵化，与市场多样化的需求相比，高等学校提供的毕业生通用性、理论性较强，就业能力较差，高等学校培养的大学生很难满足第三产业发展的需要，造成了就业的结构性矛盾。

3. 计划经济体制下的高校教育模式影响依然存在

长期以来我国实行计划经济体制，高校毕业生一直由政府主管部门分配就业，毕业即意味着就业。在新的历史环境下，各大高校在一定程度上仍然受传统的计划分配时期就业政策的影响，毕业生就业困难的问题日益突出，传统的计划经济性质的教育机制及与之相适应的教育意识形态在今天的高等教育中可能还有一定程度的影响。因此，新形势下高校如何突破教育模式改革的"阵痛期"，是目前高校在当前体制下面临的一个切身挑战。

4. 社会价值多元化背景下的舆论压力

在"自主择业，双向选择，学校推荐"的就业机制下，就业是大学生个人的选择，但是就业同样也受到了社会、文化、传媒的影响，社会价值多元化对大学生价值观产生了深层次的影响，市场经济下的利益最大化使一些大学生过分关注薪酬待遇和工作条件，过分关注个人价值的实现。目前，社会舆论对大学生就业观念也产生了一些负面的影响，一些传媒对就业困难渲染得较多，对大学生的正面引导较少。一方面造成一些大学生对就业悲观失望、消极等待；另一方面使一些用人单位误以为人才到处有，聘人不用愁，盲目地抬高用人门槛。这些给大学生就业指导工作带来了一些现实障碍。

5. 高校教育对象发生了显著的变化

教育对象的变化客观上要求创新就业指导工作方法。青年学生一直是高等教育的主体，但每个时代都有每个时代的特性。当前高校教育对象发生了显著的变化。第一，高校迎来了新时代大学生。当代大学生具有一些明显的特性：

一是消费观念超前，欲望较强，钱和获得钱的渠道的重要性或多或少被强化；二是一些大学生缺乏对团队组织的忠诚感，以个性作为追求的目标；三是对新媒体的熟悉程度和亲和力远远超过上几代人；四是一些社会现实让他们很早就明白，应该关注具体的事情，而不是关注抽象的哲学。当代大学生群体的特性要求高校必须创新就业指导方法。第二，女生在高校中的比例持续上升。近年来，我国高校内部女性学生的比例总体上呈现出一种上升的趋势。高校内女生呈现出的递增趋势是一个十分可喜的现象，充分说明女性也逐渐享有同男性一样接受高等教育的权利，这是社会的一个巨大进步。尽管女生的创造能力丝毫不亚于男生，但目前就业中性别歧视的现象依然存在。女大学生比例增长很快，但社会却没能相应增加岗位供给；由于女性具有在家庭和社会中角色的双重性，这使用人单位对录用女生存在某种潜在的抵抗心理，导致女大学生就业相对较难。高校中女大学生数量的增多，未来会让大学生就业难的问题更加突出。第三，乡镇和农村的学生比例渐增。近年来，随着人们认识的提高、农村经济的发展以及国家助学政策的不断完善，在我国高等教育大众化的过程中，女大学生比例在持续多年上升的同时，来自乡镇和农村的学生比例近年来也有较大提高。乡镇和农村学生比例的增加，将增加高校就业指导的难度。

6. 家庭教育的影响较大

家庭教育以及家长的就业观念对子女有着重要的影响。一方面，家长望子成龙、望女成凤的心情迫切，希望子女能完成他们未完成的心愿和理想；另一方面，很多家长还停留在"学而优则仕"的就业观念上，还停留在精英教育阶段，对大众化的就业形势及子女自身的情况缺乏客观的分析，这会影响子女确定职业方向，不利于其自主就业。同时，不同的家庭背景对学生也有直接的影响。

7. 大学生转变就业观念的难度仍然很大

从大学毕业生自身来说，如今的大学毕业生面对巨大的就业压力，就业期望值较前几年有所下降，但仍偏高，这导致部分大学生眼高手低，"高不成，低不就"，从而失去了许多就业的机会。具体表现在如下四方面：一是求稳定、怕风险的观念根深蒂固；二是过分看重薪酬待遇；三是鄙视体力劳动，不愿从基层做起；四是一味强求"专业对口"。因此，新机制下的大学生就业观念给加强大学生就业指导工作带来了新的课题。

二、大学生就业指导工作对策

毕业生总量的不断增加和就业市场结构的不断调整，使得大学生就业工作显得越来越艰难，"大学生就业难"的话题越来越成为人们关注的焦点。近几年高校毕业生总量在不断增加，2017年，全国高校应届毕业生数量达到720万，被称为"最难就业年"。2018年，全国高校毕业生的数量达到813万，也就是说不考虑往届学生转岗、海归和其他劳动力等就业群体，仅仅是大学毕业生，当年就需要700多万个就业岗位。当沉甸甸的数字摆在面前时，我们有必要分析一下大学生就业困难的各种因素，以期及时找到有针对性的解决对策。

（一）大学毕业生就业困难的原因

1. 我国劳动力市场有很多方面有待完善

首先，我国的劳动力市场存在很多弊端，比如，就业法制尚不健全，社会保障制度、户籍、档案制度等方面有待完善；其次，用人单位重文凭、证书的现象很普遍，过分强调工作经验的用人思想，这增加了大学毕业生就业的难度；最后，职业教育和培训工作相对滞后，一些高校往往忽略对大学生动手能力和创新能力的培养。

目前，我国的劳动力市场面临着这样的尴尬局面：一是每年新增的劳动力数量庞大，新中国成立后我国迎来第二次生育高峰，大学生群体人数众多，而且这一群体正好是这几年步入就业年龄，这给我国就业市场带来了很大压力；二是受前些年金融危机的影响，一些以加工、出口为主的中小型企业相继倒闭，大量下岗职工再就业，进城务工人员的数量又不断增加，这些都增加了大学毕业生的就业压力，虽然现在整体经济形势有所好转，但后续影响仍不同程度存在着；三是根源性的问题，即我国的产业结构不合理。有人说，今天的国际竞争已经不是某个单个企业集团的竞争，更不是某个产品的简单竞争，全世界进入了一个前所未有的全新的产业链的竞争时代。产业链由六大软性环节组成：产品设计、原料采购、长途运输、订单处理、批发经营和零售。这六大软性环节按国际分工来划分，中国企业分配到的往往是价值最低、耗费资源最大、破坏环境最严重、劳动力最廉价的制造环节即订单处理到现在为止，中国更应该被称为生产大国，中国的产业结构还很不合理，它不足以为大学生提供适合的、足够多的就业岗位，这种产业结构本身就决定了大学生就业困难的问题。

2. 高校人才培养模式及就业指导工作有待调整

我国发展经济需要大量的人才，却出现大学生供给过"剩"的状况。据调查，很多岗位出现有岗没人的现象，一方面大学生就业难，另一方面有许多企业急需用人却聘不到人。国内从业人口中，具有本科以上学历的人员仅占5%，而发达国家的这个数据已达到25%以上。所以大学毕业生供求关系的失调并不是真正意义上的总量"过剩"，而是一种结构性失调，这种结构性失调进一步说明我国高校在专业设置、人才培养模式上存在着较多缺陷，一定程度上滞后于我国产业结构的调整和社会人才需求的变化。人才培养模式是在一定的教育思想和教育理论的指导下，为实现培养目标而采取的教育教学活动的组织形式和运作方式，关系到培养什么样的人和怎样培养人的问题，直接决定了人才培养质量的高低。在经济全球化、信息社会化、高等教育大众化的背景下，高校学生的培养模式面临着严峻的考验。目前很多高校在培养模式及办学风格上仍然延续着传统的教育模式，教学活动仅限于教师的面授，学生的创新能力和动手实践能力相对不足，专业与课程设置跟不上市场需求。高校培养出来的毕业生重理论、轻实践，短期内很难胜任本职工作，到用人单位往往还需要进一步的培训，而用人单位又不是服务性的培训机构，这也是用人单位看重实际经验的根本原因，供需双方的这种矛盾直接导致了大学生就业难的问题。

高校的就业指导工作是随着大学生就业市场的变化而逐步推进的，当前高校的就业指导工作已不能满足学生的需要。从组织机构上看，目前高校就业部门多是挂靠在学生工作部门或招生部门，很少专门组织管理工作。从内容上看，主要是组织校园招聘会、发布就业信息、鉴定登记就业协议书、上报就业方案、档案接转等事务性工作，而对学生进行的职业生涯规划教育、职业指导、创业教育等系统指导方面的内容较少。目前相关课程在各高校开课情况不一，很少有学校将上述课程设为必修课，有的只是将其作为校内选修课，甚至只是以大会、讲座等形式开设。从人员配备上看，就业指导专业人员严重不足，很多学校就业指导人员大多是兼职，其职业指导能力参差不齐。

3. 学生择业观念有待转变，专业技能有待提高

（1）大学生对求职缺乏信心

有调查显示，毕业生普遍对就业形势表示不乐观，对能否如期找到合适工作缺乏信心，仅有20.08%的应届生受调查者表示"自信可以找到合适工作"，而高达42.96%的毕业生表示"通过努力应该可以找到工作"，这在很大程度上显示出毕业生对能否找到适合自己的工作不自信。有44.21%的毕业生表示

会先就业、后择业。当前，在大学生就业比较困难的情况下，"先就业、再择业"的态度成了部分毕业生求职的主导思想，这直接导致了大学生毕业后频繁跳槽的现象，缺少对初岗的职业认同感是大学生就业不稳定现象的直接诱因。

（2）择业观念亟待与市场需求相匹配

我国高等教育已进入大众化发展阶段，但仍有部分学生持有精英教育阶段的就业观念，非发达地区不去，非一线城市不去，而且看中国家机关、事业单位，挤破脑袋考公务员。近两年又催生了一些新名词"考碗族""金饭碗""银饭碗"，最次也要考个"铁饭碗"，一些非公务员岗位不去的大学生在求职时期穿梭于国家的、地方的"考碗"现场，忙得不亦乐乎。

有的大学生把就业看作一项面子工程，一味地追求高工资、好福利，以及良好的工作环境，而不考虑自己所学专业和自身情况。大学生的这种面子就业观念究其原因是受社会传统理念影响至深所导致的，一些家长在学生求学的过程中，不断向其灌输一个理念，即白领是光荣的，蓝领、灰领都是不光彩的、没有社会地位的。我们的社会确实在不同工种的工资、福利待遇上有很大区别。久而久之，大学生就会形成上述就业理念，致使很多需要高级技术工人岗位的企业高薪聘不到人，这种现象要想改观，需要经过一个较长时间的准备，并且要各方共同努力。

（3）大学生对自己所学四年的专业缺少驾驭能力及创新能力

当今社会在需要全面发展的复合型人才的前提下，更需要专业上的精、尖人才，而提高大学生的综合素质、专业素养不是一蹴而就的事情，它需要学生大学四年矢志不渝的努力。而部分大学生在校四年将大部分的时间放在学习外语或考研、为出国做准备上，而对于专业知识的积累和专业素质的提高重视不够，下功夫不足，只满足于完成应学的课程，一些成绩优异的学生往往把自己的注意力放在能否顺利获取奖学金这件事情上，而忽略了学习的真谛，这也是其在求职中屡屡受挫的根本原因。一些大学生缺乏专业知识和解决实际问题的能力，不具备应有的动手能力、实践能力，思维狭隘，语言表达能力不强，在面试时缺少自信，不能很好地展示自己，因此错失了就业的良机，这样的大学毕业生不了解市场需求，难以适应市场的变化，找不到适合的工作也是理所当然的事情。

（二）解决大学生就业难问题的对策

综上所述，造成大学生就业困难的原因是多方面的，不管是国家的教育体制、经济环境还是高校的培养机制，再到大学生个体的综合素质及择业心理上都需要相应调整与改善，而这些不能奢望在短期内得到妥善解决，就业难的问题将持续一个较长时间，高校就业指导工作不能坐等客观条件的改善成熟，要积极主动地及时付诸尝试，以有效促进大学生就业稳定局面的形成。

1. 创新人才培养模式，从教学改革上促就业

高校要坚持以社会需求为导向，深化教学改革，不断推进多途径校、企、产、学、研合作的人才培养模式的探索与实践。鼓励企业工程师进校园、进课堂，让学校专业教师、学生走出校园进入企业，努力形成"两进两出"的联合培养创新型应用人才的新模式。

（1）发挥学校优势，根据产业发展需要，创建行业急需的新专业

高校要努力发挥学校优势，根据社会、行业发展趋势，创建行业急需、特色鲜明的新专业。比如，某校根据 LED 半导体照明技术的发展趋势和学校在该领域的科研优势，率先在全国成功申报了"光源与照明"目录外本科专业，建立了有 61 家企业加盟的校企合作联盟，并建立了教育部在该领域的全国第一个重点实验室，为学生的培养创造了良好条件。

（2）校企共同制定人才培养方案，把学校的专业优势与各区域优势产业紧密结合

学校应该邀请行业、企业专家参与各专业的教学指导工作，建立根据社会需求校企共同制定人才培养方案的机制。高校培养计划要体现企业行业需求，根据社会需要灵活设置专业方向；在企业建立实习实践基地；加强企业工程师对学生的实践指导工作，形成学校的专业优势与各区域优势产业紧密结合的办学特色。这些有利于优势互补、多方共赢局面的形成，这样企业获得了紧缺人才，学生增加了就业机会，学校形成了针对社会需求培养特色人才的培养新模式，可以极大地促进就业。

（3）校企联合共建校内实践基地，加强对学生动手能力的培养

学校应多与企业联系，努力与企业共建校内实践基地，并形成良性运行机制，由企业提供设备与技术，学校提供场地、经费支持，配备专业教师，建设一批在相应领域代表最新技术的实验室，这些实验室就是学生自主实践的基地，通过校企联合建设校内实验基地，创新教学方法和实验手段，使学生实践能力、创新能力的培养从课内延展到课外，将在很大程度上提高毕业生的实践能力和培养质量。

（4）校企联合组织第二课堂活动，促进学生个性发展和创新能力的提高

学校要有意识地把学生实践创新能力培养从第一课堂延伸到第二课堂，注

重共性培养和个性发展的结合。比如，大力促进各专业成立专业社团，学校要提供专项资金和专业教师支持，并联合企业技术人员指导组织专业社团开展创新活动，通过开展多项创新活动、校企合作实验室对外开放等措施，促进大学生实践能力、创新能力的提升。学校要与企业联合组织开放式竞赛活动，用相对完整的具体任务导引学生自主参与竞赛，使毕业生在参赛的过程中不断培养实际应用能力。

（5）在企业建立实习和就业相结合的"第二校园"，建立有效的校外实习教学新模式

根据企业用人需求，从三年级暑假开始选聘不同专业的学生到企业实习，"第二校园"是集学生专业课学习、实习、毕业论文、岗前培训、就业为一体的新型基地，既解决了学生的专业实践问题，也解决了企业的用人选人问题。这种实习改变了传统的学校规定实习任务和安排时间的模式，由企业提出任务并进行时间安排，让学生真刀实枪地进行训练，为企业提供了选人用人和研发的有效途径，毕业生通过"第二校园"的实习，提高了实践能力、社交能力和社会适应能力，实现了以学生为本，以企业为主，校企联合培养，学校、企业、学生利益三方共赢的效果。

（6）完善制度，使学生积极主动参与到课外实践活动中来

学校要针对各专业学生的实际情况，从制度上制定相关细则，把学生在校期间的课外实践活动纳入各专业培养方案中，制定具体课外实践活动学分办法，把课外实践学分纳入整体学分体系中，规定在校期间的必修学分，从制度上促使学生积极主动参与到课外实践活动中来。

2. 构建职业指导长效机制，从改进管理体制上促就业

（1）建立一支专、兼职相结合的相对稳定的职业指导师资队伍

高校中不乏各方面人才，有职业指导所必需学科教师，如经济学、管理学、心理学等方面的专业教师；有多年参与就业、实践工作经验丰富的学生辅导员；有熟悉学生心理状况，咨询经验丰富的心理咨询师。他们都是高校就业指导的中坚力量，有计划地组织这些教师参加国家职业指导师的培训、资格认证工作，将迅速壮大高校职业指导师资队伍，使这支队伍实现专业化，保证职业指导工作稳步、有序、高效的开展。

（2）完善职业指导课程，建立高效的职业指导工作模式

高校的职业指导必须摆脱某些不适宜的指导方式，结合新形势，探索适合当前学生的职业指导、职业培训的有效工作模式。职业指导是一个长期、不断

深入的过程，不仅要为毕业生服务，更要从学生一入学就着手对学生进行职业生涯规划教育和专业意识教育。因此，要为不同年级学生开设不同的职业指导课程，使职业生涯规划、职业指导、创业教育、就业能力培养、就业形势分析等课程形成一个体系，系统地对在校大学生进行分阶段的、有针对性的指导。

第二节　大学生就业指导中思想政治教育的重要性及现状分析

一、大学生就业指导中加强思想政治教育的重要性

具体来说，一方面，大学生就业工作促进了思想政治教育的发展。当前大学生就业工作对思想政治教育提出了更高、更新的要求，而思想政治教育也要把解决思想问题和实际问题结合起来，不断地去认识和解决这些新的思想问题，进而推动思想政治教育理论和实践的发展，拓宽思想政治教育学的研究领域；另一方面，大学生思想政治教育可以促进大学生综合素质的提升，使大学生在严峻的就业形势下能发挥自己最大的优势，以保障大学生充分就业，并使得大学就业工作和高等教育实现良性发展。

随着我国高等学校教育改革的不断深入和连续多年的扩招政策实施以来，大学生就业已经成为国家和社会十分重视和关注的一项系统工程。目前，由于受社会大环境和就业困难等多方面因素的影响，部分大学生的思想比较复杂，呈多元化趋势，高校毕业生中也产生了一些不稳定的就业心理和消极就业的心理。由此可见，在今后的指导工作中要把握好大学生就业心理的转变，切实做好大学生的思想政治教育工作。

（一）思想政治教育在大学生就业指导中的地位

思想政治教育工作对于大学生就业指导起着决定性的作用，它保障了大学生就业指导工作的顺利开展。就业市场决定了大学生就业指导的方向，体现出服务于大学生，为大学生顺利就业创造必要的就业环境的特点，将思想政治教育融入大学生就业指导工作中，既能体现出其社会服务的本质又有利于实现教育与服务的融合。

1. 实行思想政治教育能使就业指导方向更加清晰明确

大学生就业涉及就业信息的获取、就业技能的培训等方面，思想政治教育

为学生就业指导定向的任务就是要把人生观、价值观、世界观渗透到就业指导中，就业指导涵盖了择业标准、求职道德、个人成长及成才、情商和智商的提升等方面，在对大学生的就业指导中，要使其能够坚持爱国主义、集体主义、社会主义，帮助大学生树立正确的观念，处理好国家需要和个人意愿的关系，避免极端个人主义的出现。这也是我国大学生就业指导区别于其他国家的一个显著标志。

2. 思想政治教育保障了大学生就业指导工作的顺利开展

思想政治教育对大学生就业的保障作用主要体现在两方面：其一，通过有效的教学方法将知识传授给学生，使其潜意识得到充分的激发，思路变得清晰和明确，进而使大学生选择的职业能更加跟得上社会发展的步伐和发展需求；其二，因为思想方面的教育有强大的功能，高校可以向大学生灌输社会对人才要求的新想法、新思想，进而不断督促大学生提升自身的处事能力，积极调动各种因素，营造对人才爱护、重视、尊重、合理分配的良好气氛，保障大学生就业指导工作的顺利开展。

3. 大学生的思想政治教育是就业指导中服务与育人理念的充分体现

思想政治教育的理念是"育人为本、德育为先"，其本身就是优质教育的典范，将思想政治教育融入大学生就业指导工作中，既能体现出其社会服务的本质又有利于实现教育与服务的结合。思想政治教育本身就是从满足学生实际需要出发，对大学生进行就业现状、就业信息、就业培训、就业体制等方面的就业指导，更重要的是其着眼于大学生未来，给予他们在生活、学习及缓解就业压力方面的指导，从而使大学生缓解就业压力，能够坚定地、信心十足地面对自己的未来，最终促进每一位大学生的全面发展。

（二）思想政治教育在大学生就业指导中的作用

思想政治教育在大学生就业指导中具有非常重要的作用，不仅是加强和改进大学生就业指导工作的重要手段，还有助于进一步增强毕业生就业的主动性、能动性，有助于充分调动学生的学习积极性和创造性。加强思想政治教育在大学生就业指导中的影响与作用是落实国家教育方针的有效措施，有利于大学生树立正确的价值观、人生观，使其实现自己的奋斗目标，更好地服务于社会。

1. 为加强和改进大学生就业指导工作提供了重要手段

在过去很长的一段时间里，部分高校在大学生就业指导中偏重于纯粹的就业指导，在时间安排上仅对毕业生进行临时的就业前的指导，而没有形成一个系统性的思路，没有将指导工作贯穿于整个大学教育中去，也没有将思想政治教育工作系统性地与学生就业指导工作结合起来。目前高校大学生对未来的职业规划和自身的职业发展都还缺乏相应的思考。思想政治教育能够引导大学生树立正确的人生观、价值观、事业观，培养大学生正确的择业观，为加强和改进大学生就业指导工作，转变大学生就业思想提供重要的手段。

2. 有助于进一步增强毕业生就业的主动性和能动性

思想政治教育可以使毕业生认识到目前就业工作政策性强，要求毕业生具有较强的综合素质，需要他们不断地学习和提高，只有这样才能找到合适的工作。思想政治教育能把上级有关部门出台的各项政策及时的宣传给毕业生，从而提高他们就业的主动性、能动性，增加他们的就业机会。

3. 有助于充分调动学生的学习积极性和创造性

首先，通过思想政治教育可以使大学生对当前的就业形势以及参加工作应具备怎样的知识有所了解，从而提高大学生学习的积极性。其次，现在的大学生要在如此激烈的社会竞争中生存不但要有知识，还要有能力并通过不断创新来顺应快速发展的现代社会。大学生的科学思维方式可以通过思想政治教育来培养，从而激发学生的创新思维。思想政治教育一方面可以通过培养大学生运用科学的思维方式去分析问题、解决问题的能力，帮助大学生形成科学的解决问题的方法；另一方面通过思想政治教育可以激发大学生的创新能力。思想政治教育可以通过对大学生的思想、意志的影响来培养大学生的兴趣、爱好等，提升大学生的智商，使其形成优良品质，从而不断提高大学生的创造能力。

综上所述，在大学生就业指导中加强思想政治教育，是落实国家教育方针的有效措施，这不仅有利于大学生实现自己的奋斗目标，而且有利于高校思想政治教育工作方向的确定和社会主义和谐社会的构建。因此，高校在就业指导过程中应深入开展大学生思想政治教育。

二、大学生就业指导中思想政治教育的现状分析

中共中央、国务院发出的《进一步加强和改进大学生思想政治教育的意见》中强调高校思想政治教育工作必须要与实际问题相结合，在就业形势日益严峻的今天，就业问题是大学生毕业后亟待解决的棘手问题。这就需要我们不断加强高校就业指导中的思想政治教育工作，在全面深入分析目前我国高校就业指导工作中思想政治教育现状的前提下，深刻认识到目前开展就业指导工作中的

不足，深入分析，总结经验教训，为下一步的工作打好坚实的基础。

（一）当前大学生就业指导中思想政治教育已经取得的成绩

随着改革开放的不断深入及我国社会经济的不断变化发展，我国大学生就业体制在经历了统筹分配、逐渐开放、自主择业等各阶段后不断成熟。当然，在每个阶段高校就业指导中的思想政治教育也具有各自的特点。在中共中央和国务院发表《进一步加强和改进大学生思想政治教育的意见》后，我国高校的思想政治教育工作也迈上了一个新的台阶，同时，思想政治教育工作在就业指导中也越来越受到关注，并取得了可喜的成就。

1. 思想政治教育工作的地位得到提高

近年来，在国家的高度重视下，各高校开始在就业指导中把思想政治教育放在了重要的位置，并给予了一定程度上的重视。首先，设立了就业指导部门，如"大学生活动中心""毕业生就业心理指导中心"等，学生遇到的各种就业问题都能得到及时解决。大学生的思想政治教育普遍受到各大高校的重视，校内不仅配有专门的心理咨询教师、全面详细的择业就业信息栏和指导教师，还有讨论就业问题的专题性会议，这样就确保了思想政治教育在就业指导工作中实施的可能性。其次，学校在硬件设施上的投入也是显而易见的。多数高校设立了专门的就业咨询室，并配备了获取相应就业信息的系统，大大加强了毕业生在择业方面与企业之间的交流。最后，在内容上已由向大学生单一地提供就业信息过渡到对大学生进行就业观、就业心理、职业道德等方面的教育。由此可见，高校已充分认识到思想政治教育在大学生就业指导工作中的重要性。

2. 思想政治教育工作的方式日益多样化

思想政治教育的内容需要不断从实践经验中累积，其教育方式也呈现出了多样化的趋势，除以课堂教育为主对大学生在就业择业方面进行思想政治教育，缓解大学生的就业压力外，学校还开展了专题讲座活动，让学生在学习讨论过程中提高就业能力。就业咨询形式多样，包括面对面直接咨询、书面交流咨询等方式。模拟招聘可以再现招聘现场的真实场景，让大学生可以身临其境去获得应聘中的感性体验。此外，还有教学参观、举办经验交流会等教育方式。思想政治教育方式的多样化可以有效提高就业指导工作的实效性。

3. 思想政治教育工作的内容得到不断充实

就业指导工作中思想政治教育的内容得到不断充实，涵盖职业意识和职业道德教育，以及就业信息、求职技能与方法、就业相关政策法规等知识技能，可以帮助学生从就业的角度了解我国的就业形势、就业政策、劳动法规等，从而让学生识别自身在就业市场中的优势，并能运用所学知识确定就业方向，在市场中找到自己的生存和发展空间，使学生掌握就业的具体途径，进行合理的就业定位，在以往的浅层次研究的基础上进行深层次的探究，使其内容更加完善。高校要帮助学生学习创业市场、创业计划的有关知识，在创业准备阶段，通过做市场调查和制定创业计划书，使学生学会客观地看待市场变化，实事求是地分析市场需求，初步形成理性思考问题的习惯；通过主题教育，使学生了解就业与创业对人的品质和能力的要求，分析如何起步，建立战胜困难的信心，辨别发展方向，从而更好地设计自己的职业生涯规划。

4. 思想政治教育工作的过程逐步全程化

高校大学生从入学到毕业以来，其心理状态、思维方式、个人能力都发生了较大的变化，正确的就业观念和择业意识的形成也是一个长期的过程。要针对不同年龄段学生的个人能力和心理状态分阶段地进行教育指导，使大学生更加准确地了解就业形势，使其掌握就业能力，使他们树立正确的择业观。思想政治教育工作过程逐步全程化的趋势更加明显。

（二）当前大学生就业指导中思想政治教育存在的问题

国家和各高校对大学生教育及就业问题的重视，使思想政治教育在就业指导中发挥了重要的作用。但我国的就业指导模式还处于雏形状态，没有得到很好的改进和完善，不论是在获取就业知识方面还是在就业实践过程中都需要不断成熟起来，大学生就业指导过程中的思想政治教育还存在许多亟待解决的问题。

1. 思想政治教育工作的内容仍需完善

目前，很多高校已经将大学生就业指导工作中的思想政治教育作为加强和改进大学生思想政治教育的一个重要工作来开展，但在开展的过程中多数高校还只是将高年级临近毕业的学生作为主要的教育对象，没有扩展到全体学生中且教育的内容不完善，缺乏系统性，在帮助学生树立正确的就业观、择业观，提高其就业信心等方面还有待进一步提高。

2. 思想政治教育工作的方法手段落后

思想政治教育的方法是教育工作的核心，有了科学的教育方法才能使目标最大化地实现。高校毕业生的就业率是当今社会所关心的新问题，思想政治教育贯穿大学生就业指导工作的全过程，也就需要将新的方法引进其中，这就给思想政治教育方法提出了新的要求。我国在指导工作的发展历程中虽然积累了一定的方法，有了新的发展，但还存在很大的不足，方法仍落后于西方一些发达国家。首先，随着多元社会的发展，传统的授课模式已经不能很好地满足大学生对事物认知的心理，不能满足他们对事物的好奇心和求知欲，因而就业指导中思想政治教育的方法落后于时代的发展是可以预见的。而如今，高校大学生有着强烈的探索和求知欲，所以通过互联网、社会实践、交流讨论等方式获取知识对其更具吸引力，大部分学生认为学校就业指导思想政治教育工作中迫切需要解决的问题是提供社会实践及培训的机会。其次，大学生就业思想日益多元化，而思想政治教育方法较单一，不能做到个性化指导。高校教育者应该采取多样化的教学方法，针对学生自身的特点展开教育、指导工作。

3.思想政治教育工作的队伍结构不合理

大学生就业指导工作中思想政治教育队伍结构的不合理性主要表现在两方面。一是队伍的结构化不合理，大学生的思想政治教育通常涵盖了许多分支学科，如心理学、管理学等，这就要求教育者需要不断接受新的知识，学习新的方法来指导教育工作。当前高校教育者多是身兼多职，没有接受过专业的知识培训，这也就导致他们的知识结构单一，缺乏思想政治教育相关的知识，而且他们普遍缺乏工作经验；二是综合素质不高。有些思想政治教育者根本不了解就业政策，对就业政策的理解有偏差，常常使学生反映的就业问题不能得到妥善的解决。

4.思想政治教育工作的载体不健全

思想政治教育载体是思想政治教育的中介，是思想政治教育能够得以实现的物质前提和基础，现代思想政治教育载体是伴随科学技术的进步和社会生产力的发展而形成的具有时代特征的载体形式，开展现代思想政治教育载体研究，对丰富思想政治教育载体理论，优化配置现代思想政治教育载体资源，提高思想政治教育的实效性具有重要的现实意义。当前，思想政治教育工作的载体还比较单一，需要不断健全、完善。

（三）大学生就业指导工作中思想政治教育工作存在问题的原因分析

1. 思想政治教育工作所处的环境发生了变化

思想政治教育工作所处的环境变化主要包括两个方面的变化。一方面是社会环境的变化。社会环境又包括国际环境和国内环境两个方面。如今，世界多极化和经济全球化的趋势越来越明显，各国综合国力的提升也使得国际间的竞争更为激烈，各国的思想文化、生活方式都在影响着大学生的就业观念、择业标准。随着国际环境的不断变化，国内环境也在不断地发生变化。社会不断发展变化、就业形势日趋严峻、利益关系复杂多变、人们处理事物的方法也更加多样化，这些因素都会直接或间接地影响大学生的价值取向和思想观念。另一方面，大学生自身的思想也有所变化。现今，部分大学生更加注重主体感受，更加注重处理问题的角度及效率。他们不再单一地用获取来的知识来判断是非对错，而是通过自己的内心来做选择。这些变化无疑给思想政治教育工作带来了更大的挑战。

2. 传统思想政治教育工作的弊端依然存在

目前，传统教育工作还没能改变单一的授课模式，还是以理论教育为主，缺乏实践环节，对大学生就业的现实问题关注较少，这使得思想政治教育工作效果不明显。传统的道德观不能与新事物相融合，同时也束缚了大学生的思想，不能适应新时期大学生的思想特点，更与新思维、新观念不相适应。在传统思想政治教育的影响下，部分大学生不能跟上时代发展的步伐，不能很好地面对就业问题，从而影响思想政治教育的效果。

3. 大学生自身就业思想存在问题

首先，部分大学生在就业方向上更看重工作环境和薪资待遇，因此会选择沿海、经济发达区，而忽视了国家对于西部贫困地区的扶持目标，忽略了深入基层的迫切性，不能将国家利益与个人理想结合起来，走以实践为主、以提升能力为目标的道路。

其次，部分大学生的道德品质不高、社会责任感淡薄。目前一些企业反映有的大学毕业生仅仅看中自己人生价值的实现，重视自己的发展而忽视了社会价值，忽视了可以通过自己的奋斗来为社会做贡献。此外，还有一些大学生在求职过程中通过制造假学历、假证书，来获得企业的认同，实现就业。更有甚者不履行合同要求、忽视法律的存在，失去了做人的诚信。一些大学生没有基本的职业道德，没有兢兢业业的精神，缺少责任感和实干精神。这些无疑都是大学生缺乏诚信品质和法律意识的具体表现。

最后，大学生的心理承受能力弱化。大学生是祖国的花朵，他们承担着国家富强、民族振兴的重任，然而，在家长的宠爱下，一些大学生从小就形成了依赖心理，缺乏动手能力，还抱着最单纯的心态在社会上发展，没有注重心理素质的培养，在就业过程中对自己定位不准确，同时缺乏信心，这使得其就业难度加大。

第三节　大学生就业指导中思想政治教育的开展

一、创新大学生就业指导中思想政治教育的理念

理念是决定人的行为方式与行动投入力度的关键要素。大学生职业教育是以引导学生获得全面发展、取得职业生涯及人生的成功为目标的科学的教育活动，其教育的开展必须以科学的、先进的理念为指导。就业指导是一项专业工作，而非教学的一个环节或行政工作。这就要求高校推进改革，从理念上促进就业指导工作的开展，具体而言可从以下两方面着手展开。

（一）学校：避免短期"促销"

目前的就业指导着重关注学生求职面试技巧的指导、职业信息的提供、当前学生的就业安置，忽视了学生的可持续发展，没有关注学生的职业兴趣，挖掘他们自身的职业能力。这导致大学毕业生缺乏明确的职业发展目标，急功近利，毕业生在工作中难以真正体会到其中的乐趣，缺乏工作积极性、主动性与创造性，职业生涯发展经常受阻。大学生就业指导必须以学生终身发展为出发点和着眼点，积极设计教育方案，开展教育活动，引导学生明确职业生涯发展目标，把握职业机会，不能只着眼于就业问题，使其懂得如何才能更好就业，实现其职业生涯的可持续发展。

（二）学生：立足长期"成长"

开展大学生就业指导的最终目的在于促进学生的全面发展与长期"成长"，其直接目的在于充分挖掘学生的职业生涯发展潜力，充分发挥、调动学生自身的潜能和素质中的有利因素，实现其自我正面效应的最大化和综合素养的全面

发展。就业指导应立足于对学生自我、职业机会与职业世界的全面分析，帮助学生认识自我，并开发自我的潜能。

二、增加大学生就业指导中思想政治教育的内容

未来的几年内，我国高校毕业生人数还会继续上升，而就业市场在短时间内很难消化如此庞大的就业大军。在这种情况下以往简单的就业指导工作根本无法满足学生的需要，就业指导内容上也要与时俱进，高校要不断调整就业指导内容，除了原有的就业政策法规、就业形势、就业程序、就业技巧等板块，还需要强化就业观教育、职业生涯规划教育、心理健康与指导、创业教育等方面的内容，并把这些内容整合到一起，进而形成完整的就业指导内容体系，这其中职业生涯规划教育是关键，要贯穿于整个就业指导内容体系的始终。此外，在目前严峻的就业形势下，高校过去采用的以理论教学为主的就业指导，远远不能满足学生就业的实际需要，必须大力强化就业指导教学中的实践环节。

（一）加强正确的择业观教育

马克思在《青年人在选择职业时的考虑》一文中曾说："我们的使命绝不是求得一个最足以炫耀的职业……"（《马克思恩格斯全集》，第40卷，第3—7页）马克思的这段话无疑为当代大学生指明了择业方向。正如马克思所说，如果我们选择了能为人们奉献的职业，即使再重的担子也不能把我们压垮，因为我们心中有着一股热泉，因为我们是为人们的事业而努力奋斗的，那时我们获得的将不是片刻的乐趣，我们的事业将会永远传承下去。

大学生的思想观念在选择职业时集中反映在一个人择业的世界观、人生观和价值观当中，而思想教育的一个重要任务就是帮助大学生树立正确的世界观、人生观和价值观，从而树立正确的择业观。思想是行动的动力，积极的、正确的择业观教育能够使大学生产生前进的动力，但目前大学生在择业方面出现了或多或少的问题，部分大学生只是强调自身价值的重要性，只是认识到如何来实现自己的人生价值，而没有树立正确的择业观，忽视了个人利益与社会利益、国家利益相结合的原则。如果给予大学生适时的就业指导，使其个人价值与国家命脉系于一体，大学生就能更好地得到发展。一旦大学生树立了科学的世界观和正确的人生观、价值观，就会找到并选择正确的前进方向和道路，从而处理好责任和义务的关系，明确眼前利益和长远利益，结合自己的能力和兴趣爱好选择更适合自己并能满足社会需要的工作，这样既可以满足个人愿望又能使个人最大限度地奉献社会。当前部分大学生缺乏崇高的职业理想以及强烈的社

会责任感，他们更关注自己，而且把获得了多少物质利益作为衡量个人价值与职业价值的标准，在职业价值标准上表现出比较明显的急功近利性。一些大学生就业的期望值较高，就业竞争力不强，而对自身的认识又不准确，因此难以找到合适的工作岗位。因此，进一步加强各种形式的就业指导课，积极开设大学生职业生涯规划课程，使大学生树立正确的择业观是我国各大高校的当务之急。

目前，大学生在就业过程中存在的不良心理如下：

①"随波逐流，人云亦云"的从众心理。一些大学生对自己的就业缺乏独立的见解，不是从自己的综合情况出发，没有做出符合自己的正确的择业选择，没有就业目标，喜欢和同学盲目攀比，选择去大城市、大机关等地方做一些"光鲜"行业，忽略了自己所能和社会所需的关系。

②功利性太强。在当今社会市场经济的背景下，一些大学生开始追求待遇好、环境好、效益好、工作舒适的工作岗位，对面子、位子、票子、车子、房子看得过重，却把能不能真正发挥自己所学、能否有更好的发展放到了次要位置。

③狭隘的专业对口心理。将自己的就业选择圈定在一个小范围内，迟迟找不到谋职道路上的"突破口"，没有真正认识到"专业对口"的相对性。

择业观与当今时代的发展要求以及就业形势是密不可分的，而根据以上分析，各大高校必须随时代发展和人们择业观需求的变化不断调整、确定择业观教育内容，以增强教育的实效性和针对性，从而真正引导大学生树立就业竞争观念，调整其就业期望值。

具体来说，可引导大学生转变陈旧的就业观念，在实践中培养大学生服务农村、服务社会、服务国家的吃苦耐劳精神；可以开展"两课"、社会实践活动等，帮助大学生树立正确的择业观，使他们更加全面地了解我国的就业现状、就业政策及就业形势。通过这一途径，鼓励大学生到中小城市、西北工业区等地方就业，由此努力提升大学生对自我价值的认识水平，加大服务于国家的力度。为使大学生就业指导中的思想教育工作顺利进行，就要真正加强大学生在就业指导工作中的择业观教育，让每一个大学生从根本上认识到择业观教育的重要性，树立正确的择业观。

与此同时，通过了解现实的就业模式和就业取向，及时地向大学生进行思想教育方面的指导，使大学生更好地服务于社会。近几年来，高度重视加强对大学生的就业择业观教育，定期邀请了部分优秀毕业生，让他们亲身讲述大学毕业后的择业之路，传授一些基本的经验，以避免大学生在以后的就业过程中走不必要的弯路。此外，还邀请了不同行业的成功就业人士来讲述不同方向的择业观，以引导大学生树立正确的择业观和价值观，早日确立自己的职业生涯和人生规划。

（二）加强大学生就业心理健康和法制教育

大学生在刚刚迈出校门并开始选择职业的过程中，心理上肯定要面临一定的考验。由于种种原因，一些大学生在新型的就业体制和严峻的就业形势面前，产生了自卑、焦虑、盲目等心理问题，在就业过程中出现了种种心理偏差。一是缺乏自信，不能正确地评估自我，规划职业生涯；二是稳重求全，缺乏承受风险的能力；三是盲目攀比。就业有风险，需要勇气和魄力；就业有挫折，需要毅力和意志，这些都是一个人成功就业所必须具备的心理素质。就业心理素质是在错综复杂的社会环境下和不同的教育方式的相互作用中形成的一种对个人就业有重要影响力的心理品质，是合理地选择职业、成功地找到工作、顺利地适应职场生存环境的重要内容。思想教育可以帮助大学生完善自我，培养其乐观向上、积极进取、团结协作、勇于创新、顽强拼搏的品质，从而达到成功就业的目标。

因为，大学生在求职择业完成后，会遇到各种各样大学中未曾遇到过的挫折和困难，良好的心理素质能帮助大学生接受考验、面对困难、果断处理各种矛盾，对择业起着促进和保障的作用。各大高校应针对现在大学生在求职择业过程中行为和思想上出现的诸多问题，通过思想教育理论课这一主要渠道，加强大学生心理健康教育指导工作，消除他们在择业过程中在心理上出现的问题，促进学生优良个性心理品质的形成，提高大学生就业心理素质，使之保持一种稳定的、持续的、积极的心理状态，以乐观向上的精神面貌适应新的环境，将自己奉献给社会，从而实现自身价值。

加强大学生就业心理健康教育，具体要做到以下几点：

①加强心理健康知识的宣传。利用各种校园媒体，如板报、广播、电台、网络、报纸、橱窗等，宣传心理健康知识，只有当毕业生真正认识到心理健康教育的重要性时，他们才会时刻关注自己的心理健康水平，树立正确的人生观、价值观，以积极乐观的人生态度对待各种心理冲突，从而发挥自己的潜能。笔者所在的学院，在校园内开辟了心理健康教育专栏，每周更换一次内容，内容涉及有关心理健康知识的各个方面。

②坚持开展有关心理健康的活动。在活动中，帮助大学生正确认识就业形势和职业特点，分析自身特点，选择职业方向，从而缓解毕业生因就业而产生

的焦虑感。

③开设专业的心理辅导课，定期邀请心理专家对大学生进行心理知识的讲解，举办一系列的心理教育活动，循序渐进地增强大学生的心理健康素质。此外，还可专门开设不同方向的心理健康教育选修课，营造健康的校园氛围，让大学生的心理在不知不觉中得到提升。笔者所在的学院，针对高校毕业生择业过程中出现的心理问题，连续几年每学期都开设了有关心理健康教育的选修课，而且开通了个别面询、电话咨询服务，还增加了网上咨询服务，这使得心理健康教育工作取得了巨大的进步，但还需要加强、改进，对心理健康教育的观念还要进一步转变。

④设立专门的心理咨询室。大学生在日常生活中随时都有可能碰到各种各样的心理问题，因此高校就需要设立专门的机构，随时帮助为他们排忧解难。除了通过谈话的方式进行心理健康教育指导外，还可以传授给他们一些自我调节的方法，从而更有效地帮助大学生在就业过程中保持良好的心态，增强他们承受挫折的能力。

除了加强大学生在择业过程中的心理健康教育外，各高校还要注重加强大学生的法制观教育。在当前的社会环境下，权钱交易、弄虚作假等现象越来越严重，就业的公平公正性受到了质疑。部分大学生的法制观念不强，在就业过程中因为不能承受压力而产生了违法乱纪的行为。大学生犯罪事件让人心痛，在依法治国不断深入的今天，一些高素质的人才为何走上了犯罪的道路？在如今的高校中，除了政法系等专门学习法律专业的学生外，其他专业学生的法制教育几乎空白，更别说形成系统的法制教育体系了，而那些所谓的法律讲座也只是摆摆样子、毫无用处。

部分高校只是将一些宪法、民法、刑法内容等写入教材方案中，最终的结果也只不过是应付一下期末考试。有的学校只是把法制课仅仅当成一门课而已，学生对学习法律知识的积极性也就可想而知了。久而久之，学生的法律观念会逐渐淡薄。各大高校切实加强法制教育，不仅能让大学生自身免于法律制裁还能在必要的时候让自身的合法权益不受侵犯。针对这种情况，各大高校应认识到事情的严重性，加强大学生法制观教育的力度、深度和重视程度，增强其社会责任感，帮助其树立知法、守法、用法、护法的意识，使其自觉遵守就业市场的秩序，抵制各种违法乱纪行为和腐败现象。各高校可以通过橱窗、报纸杂志、校园广播等宣传相关的法律知识，并定期举行法律知识讲座和相关的活动，聘请专家为大学生进行法制教育和法律指导，逐渐提升大学生的自我保护能力和法律意识。

（三）加强大学生就业诚信教育

目前，面对越来越严峻的就业压力，一些大学生为了追求高收入、高层次的单位，开始在求职履历中"掺水"，夸大其词。此外，在就业过程中，重复签合同，恶意违约，之后又频繁跳槽等现象也频频发生。日趋严峻的就业形势对就业过程中的失信行为起到了一定的"催化"作用。

随着市场经济的发展和高校毕业生就业制度改革的不断深化，在供大于求的总体形势下，为了求职成功，一些初次就业、经验不足的毕业生想方设法地弄虚作假；我国现有的就业诚信制度还不完善，各大高校的诚信教育还很薄弱；一些用人单位选拔机制的不完善也纵容了毕业生的不诚信行为，这使得诚信问题在就业过程中更加凸显了。这些不诚信的行为已经严重影响到了就业市场的秩序，使部分用人单位很难辨别真假，挑不到合适的人，白白流失了人才，一些毕业生因为诚信问题找不到工作，心理受到了严重的打击，导致社会认知偏离正常轨道，甚至产生犯罪行为。同样，这些行为也"污染"了大学这片净土，使一些大学生自甘堕落，一心想着投机取巧、弄虚造假，影响了各大高校的教学质量，损害了学校的声誉，致使部分用人单位不再相信学校，从而陷入了恶性循环中。

诚信是社会主义精神文明的主要内容，大学生是国家的未来，是将来社会的主流，所以更应该是精神文明建设的主力军。诚信作为中华民族的传统美德，是现代社会人际交往中的根本道德原则之一，更是现代毕业生成功就业的一个基本保障，应该引起各大高校的足够重视。高等院校是为国家培养高素质人才的地方，在加强文化知识水平教育的同时也应该把职业道德教育提升到一个全新的高度。

加强就业诚信教育是各大高校永恒的主题。诚信关系到一个毕业生的个人魅力，关系到他们能否成功就业。针对这些原因，各高校应该制定相关的措施，加强大学生就业诚信教育。

1. 开展就业指导课，加强有关就业诚信方面的指导

从大学生入学的第一天起，就应该对学生进行全面系统的诚信教育，把诚信教育贯穿于日常人才培养的全过程，而不是仅限于就业阶段。要结合贯彻落实大学生行为规范和建设文明校园等日常教育管理工作，将就业诚信中的理论知识与实践结合起来，适当地开展就业模拟情景教学活动，加强学生行为习惯和个人信誉的训练，让学生从课堂中真正走出去，使学生在不知不觉中锻炼自

己并能根据社会需求和自身特点塑造自己。此外，还可以对其进行社会主义荣辱观教育，让每一个大学生都树立"以诚实守信为荣，以见利忘义为耻"的观念，引导大学生爱国守法、诚实守信、团结友爱、爱岗敬业，从而提高个人诚信素质，提升大学生的个人魅力。在指导方法上，各高校要更加注意技巧和心理方面的指引，循序渐进地培养大学生的诚信意识。

2. 营造良好的诚信氛围

增强教职工的诚信意识，定期对教职工进行诚信教育，要求每位教师都做好对学生的管理和育人工作，并在教学管理中以身作则，处处讲诚信，从而营造出良好的氛围。学生也会在耳濡目染中慢慢养成诚实守信的好习惯。

3. 加强诚信宣传，定期开展有关诚信的活动

通过校园广播、校报、网站加强对诚实守信文化的宣传力度，通过漫画、卡通人物加深同学们对诚信的认识，使其在潜意识中发觉诚信的重要性，开展有关诚信的活动，让同学们在活动中进行思考和反省。

4. 建立大学生个人诚信记录数据库

每个大学生在校期间的失信行为都要记录在个人档案中，高校要建立失信行为惩罚机制。这样既可以惩治失信者，减少失信行为，加大同学们对诚信的重视，又能为各用人单位提供第一手资料，避免优秀人才的流失。

5. 完善就业管理流程

各高校要给所有毕业生提供公平、公开、公正的就业机会，完善就业管理体系。毕业生首先要从网上填写就业推荐表，签完协议后也要上传相关文件，不仅能够让学校即时备案、做好统计，还能在网上公示，起到公平、公开、公正的作用，使各用人单位可以轻松辨别就业材料的真假。

（四）加强大学生的职业道德教育

大学生是国家和民族的未来，是高素质的人才，承担着国家富强、民族复兴的重任。然而，当前大学生道德缺失的现象却已经在高校中蔓延开来，不让座、不排队、随地乱扔垃圾等现象普遍存在。大学生道德缺失现象引起了社会的广泛关注，究竟是什么让一些大学生变得那么"冷漠"？追其根源，责任还在自己。过于松散的大学生活让部分大学生忘记了自己的任务是学习。一些大学生整天无所事事，沉迷于网游，忘记了自己的身份，他们迷茫了，迷失了⋯⋯

当然，这种局面的形成，家庭和学校也有推不掉的责任。现在的家庭基本上都是一个孩子，过分的宠爱，让一些大学生行为"放肆"，更有家长认为孩子考上大学就万事大吉了，忽视了对子女能力和道德的培养。

随着经济全球化的发展，大学生面临着日益严峻的就业形势，各用人单位对人才的要求越来越高。现代大学生只有德才兼备，才有机会真正在社会上立足。那么，究竟怎样对大学生进行指导教育呢？各高校应该尽早意识到对大学生进行职业道德教育的必要性和紧迫性。

职业道德就是指从事一定职业的人们在职业活动范围中所应遵循的道德规范以及该职业所要求的道德准则、道德情操和道德品质的总和，大学生是一个特殊的社会群体，面临着由学生到职业工作者的角色转变，大学生要适应自我发展的必然需要，高校要加强职业道德教育。当代大学生思想活跃，注重个人奋斗，有很强的自我实现意识，对未来和即将从事的行业都充满了美好的憧憬，但是有一部分学生并不真正了解自己和所学专业，对将来的职业存在着一些困惑。学校有义务通过职业道德教育使大学生充分认识自己所学的专业，明确将来可能从事职业的社会价值与需求，明确自己在生活中和工作中的义务和权利，树立强烈的社会责任感，通过教育使他们热爱本职工作，尽职尽责地履行义务，培养其较强的爱岗敬业精神。

高校可以首先从增强大学生的职业道德意识入手，让职业道德观深入人心，其次，可以向学生传授基本的职业道德知识，教会学生如何在职场中处理好人际关系，如何遵守职场中的潜规则。还通过各种有组织、有计划、系统的相关活动，拓展他们的学习空间，提升其个人认知能力。要坚持理论联系实际，进行模拟职场的训练，使大学生提前适应环境和进行角色转换，使学生自觉加强自身职业道德修养，进行职业道德规划，从而为成功求职奠定基础。

（五）加强大学生的创业观教育

从小学到中学再到大学，当今的大学生基本上都是按照父母和教师的规划一步一步走过来的，有的大学生太过于听从别人的建议，没有自己的看法和主意。而创业这个概念在家庭和学校教育中又很少提到，在大学生的思想里创业往往是遥不可及的事情，所以大学生毕业之后在谈及创业问题时，涉及创业项目、资金问题和可实施性时他们往往就选择放弃。

面对当今市场的激烈竞争和经济全球化的到来，用人单位对应聘者的能力有了更高的要求，就业形势显得越发严峻，而以创业带动就业无疑是今后就业市场发展的趋势，目前，大学生创业率低的原因究竟是什么，大学生自主创业的最大难题是什么？笔者认为，只有抓住了根本原因，实施相应的解决办法，才能真正提高创业率，进而解决就业问题。

缺资金、缺项目、缺经验、缺技术、缺信心……这些貌似都是大学生创业最主要的障碍，资金不足是制约大学生创业的主要瓶颈。刚迈出大学校门，有创业想法的毕业生却因为没资金而在创业这条路上止步了。一些大学生坦言，创业最好是在家庭条件比较富裕的情况下开展，贫困的家庭经不起孩子在创业这条路上折腾，他们更多的是追求安稳的工作，对于他们来说这才是比较现实的。除资金外，大学生的创业知识匮乏，缺少社会经验，更不懂得去分析、判断和处理市场问题，往往在创业时对项目选择不准，而且我国现行的创业政策还不够完善，这让大学生在创业这条路上屡屡碰壁，使其创业激情被浇灭。此外，一些大学生习惯了从小到大被家长、教师保护的生活，他们刚刚进入社会难免会迷茫，不能正确地认识自己，对自己缺乏信心，不能承受创业失败对自己的打击，最终不选择创业。

针对这些问题，各大高校应该制定出相应的措施，加强对大学生的创业教育，这不仅仅是为了使学生适应当前的就业形势，也是高校培养全方位人才的需要。引导大学生选择自主创业不仅能解决大学生的就业问题，还能为其他人提供更多的就业机会，缓解就业压力。高校开展创业教育的目的是培养具有创业创新能力和独立工作能力的新时代高素质人才。具有非功利特色是开展创业教育的目标，该目标的主要内容是向学生解释创业的一般性规律，培养大学生的企业家精神，而不是以培养岗位职业为内容，以速成企业家为目标。但目前来看我国大多数高校的创业教育工作仅关注于如何就业，而不是以培养大学生的创业精神为目标，并且缺少系统性和层次性，特别是缺少实践环节，不能直接给予大学生在社会上竞争的能力。因此，创业教育应该融入社会实践当中，使学生直接获得竞争能力。我国创业教育与西方发达国家差距最大的地方正是实践，而实践也正是我国创业教育发展的瓶颈之一。美国的一些高校在校内开展了大量的创业活动，注重通过创业类型的比赛使学生获得创新创业的感性体验。此外，美国创业教育体系与社会建立了广泛的外部联系网络，如创业培训机构、风险投资机构、小企业开发中心、创业者校友联谊会等等，形成了一个高校、社区、企业良性互动式发展的创业教育系统，有效地利用了社会上的各类创业资源，为在校生提供了一个有利的创业平台。

教育环节成为我国创业的瓶颈，这虽然只是一个现象，但是它折射出的问题是在我国整个创业教育体系存在的。首先，在创业教育方面各高校并没有给予足够的重视；其次，因为我国的社会环境提供的社会实践环节也很少，所以不能直接让学生获得感性体验。从能力上讲，创业教育对学校的师资力量要求较高，一些高校对于创业教育课程还没有进行系统性的分析研究，也缺少相应的物力来实现社会实践育人的作用。创业教育对高校的实力提出了很大的挑战，一些教创业课程的教师由于实践经验缺乏，指导学生进行实践的时候常常显得力不从心。创业教育实践难题是一个比较综合与复杂的问题。有一些觉得开展创业教育的实践难的学校，是因为他们在认识上存在误区。他们认为学生一定要上升到能创办自己的企业的高度才叫创业实践，目前许多高校陷入了开设创业实践课程的目的是使学生能够具有开办企业能力的误区，实际上开设创业实践课程的目的在于培养学生的创业能力和创业精神。高校要加强对大学生的潜能训练，培养大学生创新、开拓、勤奋、勇敢的个性，构建创业教育机制，包括课程改革、教学方法改革、考试改革、创业指导环节等，创建创业教育体系，打通创业教育的实践环节，采取"软硬兼施"的做法，进一步加大国家政府对大学生自主创业鼓励政策的宣传力度，让每一位大学生都能发现自己创业的优势，意识到创业的好处，从而走上创业之路。具体可开展以下工作。

1. 开设具有专业化和多样化的有关创业教育的课程和活动

各高校可以效仿国外创业教育的经验，专门开设系统的创业类课程，建立完善的创业培养系统，分层次、分专业地进行一对一培养，更要理论联系实际，坚持课堂教育与课外实践相结合的原则，积极开展一些创业大赛、模拟创业、创业讲座等多样性的活动，激发大学生的创业意识，培养大学生的创业品质，提高大学生的创业能力，为其提供一个创业平台，让他们都能积极投入创业活动当中。

2. 创建一支创业教育师资队伍

组织年轻教师，定期进行创业教育师资培训活动，这些教师可以深入每一个课堂中，传播有关创业的政策、方法和思想，促使高校全面展开对大学生的创业教育；另一方面，各高校可以建立兼职教师队伍，也可以邀请企业、工商、税务等各界专家作为该课程的兼职教师，为学生传授他们的亲身经验，作为兼职教师不但要经常与学生进行面对面的交流，更要为学生提供到企业去实训的机会。

3. 加大有关创业优势的宣传教育

通过校园广播、橱窗、报纸等方式讲述、刊登一些创业成功者的故事，宣传大学生创业的好处，激发大学生的创业激情。

4.创建大学生创业教育联盟

创业教育离不开一定的物质支持，场所、项目、资金等硬件都是不可或缺的。因此，高校可以通过大学生创业教育联盟与企业合作，挖掘和整合校友资源、家长资源以及公益团体资源，使这些资源充分发挥自己的优势，打造适合进行创业教育实践的良好环境。

三、丰富大学生就业指导中思想政治教育的形式

高校就业指导是一项长期的系统性的工作，仅靠单纯的课堂理论"灌输"，很难使高校大学生的就业综合实力产生质的飞跃。国内高校要想使其就业指导工作真正形成实效，除了要在就业指导内容上下功夫之外，在就业指导形式上也要改变过去单一的教学模式，可以尝试一些新路子以丰富高校就业指导形式，更好传承教学内容。

就业指导创新内容需要以创新的形式来体现，创新就业指导工作者可以从多渠道入手，积极开展诸如互动式论坛、访谈式讲座、个人咨询服务、职场模拟实验、案例分析、心理测试、网络收集和提供信息等丰富多样的教学活动，在就业指导指导方法上，也可采用心理指导、信息咨询指导、校正式指导、体验式指导等方式。

（一）做到阶段性和连续性的有机结合

实际上，大学生从入学到毕业，其心理、生理是处于不断变化之中的，就业指导应遵循其身心发展规律，做到阶段性和连续性的有机结合，阶段性通常是指毕业前的集中教育，连续性则是指贯穿大学阶段，针对学生的特点展开的持续的教育活动。例如，依据学生大学期间的不同年级，就业指导的内容也应该有相应的变化。一年级就业指导内容包括大学生就业形势指导，要帮助大学生了解就业形势以及将要面临的压力，并告诉他们就业过程中最具核心竞争力的是自己的能力与素质，帮助大学生将就业压力及早地转化为整个大学阶段的学习动力；还可以通过大学生职业生涯规划设计指导和有关素质测评系统的应用与分析，帮助大学生发现和了解自己的性格、兴趣和专长，使大学生结合自己所学的专业制定出符合个人成长与发展的目标。二年级就业指导的重点内容可以放在大学生就业观念指导上，使大学生对中国高等教育已进入"大众化"时代有一个基本认识，大学生应该调整自己的就业观念，帮助大学生认识人才成长的过程和规律，使其树立正确的成才意识，培养他们良好的就业心理素质，使他们能够正视现实、敢于竞争、不怕挫折，以良好的心态迎接人才市场的挑战。

三年级就业指导的重心可以是大学生求职技巧指导，要培养大学生良好的人际沟通能力，通过就业过程各个环节的技巧指导与训练，让大学生掌握正确求职的技巧与方法；并加强对大学生的就业法律知识教育，让大学生了解或掌握国家有关劳动与就业方面的法律知识，能够利用法律武器来保护自己的合法利益；帮助大学生树立诚信意识，使其在就业过程和今后的工作中遵纪守法、诚实守信；四年级就业指导的重点内容可以针对毕业生来设置，帮助即将毕业的大学生了解国家有关毕业生就业方面的方针政策，以及学校有关毕业生就业方面的规定，明确自己在就业过程中的权利和义务；学校可通过各种市场活动和就业网站为大学生提供丰富的就业信息，为毕业生提供用人单位真实可靠的信息与资料，院（系）要为毕业生提供个性化的信息咨询与指导服务，向学生传授求职要领和面试技巧等，即使大学生毕业后离开了母校，毕业生仍然可以回到母校接受各种就业指导和培训教育，不断地获得学校的帮助。

因此，大学生就业指导工作要依据大学生不同阶段的特点来展开。

（二）坚持理论与实践的有机结合

坚持大学生就业理论与实践的有机结合，就要既重视课堂教育，提高大学生的思想觉悟和认识能力，又要注重引导大学生深入社会、了解社会、服务社会，实现知行统一。

1. 重视理论教育

通过有目的、有计划地对大学生进行马克思主义关于就业方面的基本理论教育，引导和帮助大学生树立科学的择业观、就业观和职业观。

2. 重视就业实践教育

组织大学生参加社会实践活动，进一步加深其对理论的认识，巩固和强化理论教育的效果，真正提高大学生的就业思想觉悟和政治素质。社会实践是大学生就业思想政治教育的重要途径，能够促使大学生了解社会、了解国情、增长才干、奉献社会、培养品格、增强社会责任感。

依据心理学家休普的划分，可以将一个人的职业生涯分为四个阶段：探索阶段、创立阶段、维持阶段和衰退阶段。同时，按一个人一生所从事的职业先后顺序进行划分，可分为早期生涯、中期生涯和晚期生涯三个发展阶段。大学生正处在职业生涯的探索阶段，在这个时期，大学生的个人能力迅速提高，职业兴趣趋于稳定，逐步形成了对未来职业生涯的预期。大学生就业指导的主要工作是学生职业兴趣的培养和职业生涯教育，引导学生了解和尝试现实社会中的各种职业，使学生通过社会实践积累一定的社会工作经验，帮助学生在未来较短时间内实现个体人力资本、兴趣和职业的匹配。

要真正做到就业理论教育与社会实践的有机结合，就要使这两方面的教育贴近大学生的实际；要联系国内外经济社会发展的实际，联系大学生就业思想实际，勇于面对当前就业中的现实问题，并及时进行分析和解决。

3. 加强大学生职业素质训练

职业素质是大学生就业最基本的素质，是企业对新员工最基本的要求，高校要通过加强对大学生职业素质的训练，提高大学生的职业素质。

职业素质包括思想政治素质、职业道德素质、身心素质、文化修养等，建立实习基地是高等学校加强大学生就业思想教育的重要方式。高校要充分利用校企合作的良好环境，构建"学生—学校—企业"三位一体的实习基地模式，实习基地在培养学生的思想政治素质、职业道德素质、科学素质、文化素质和创新素质等职业素质方面发挥着重要作用。高校要通过建设就业实习基地，加强对学生实践能力及创新精神的培养，使学生充分了解企业所需人才应该具备的职业素质，充分发挥学校在大学生就业指导中的作用，切实加强大学生在就业方面的思想教育。

（三）传统媒介与现代媒介相结合

教育信息化是我国教育事业在新时期发展中的一个趋势，教育信息化对高校就业指导中的思想教育提出了新要求，提供了新方法。各高校在就业指导工作中应大胆运用高科技来改进教育方法，利用高科技的力量来加深自己与社会的整合度；充分利用大众传媒传播速度快、信息量丰富的特点，将思想教育整合到各发展阶段，利用丰富的教学素材把思想教育融入每一位大学生的生活中去，使其更加贴近大学生的思想实际。随着现代化网络技术的迅速发展，网络求职已成为一个新的就业渠道，网络已经成为无法取代的现代工具。网络信息的传播具有许多特性，如快捷性、跨文化性、开放性、隐蔽性、虚拟性与即时性等。网络又是一把双刃剑，在带给大学生生活和学习方面的便利的同时，还将许多垃圾信息带到大学生的生活中，这些信息将给大学生带来消极的影响，同时也给高校思想教育带来了新的挑战。因此，我们应该占领思想教育的网络新领地，引导大学生正确利用网络，做到取其精华、去其糟粕，通过网络增加在校生与社会企业之间的交流，拓宽各高校大学生的就业渠道。例如，利用网络平台宣传党和国家推出的有利于应届毕业生顺利就业创业的相关政策，引导学生寻找对口职业，等等。

为适应科学技术的快速发展和大学生就业指导迅速、普遍、多样化的需求，高校要充分利用现代媒介发布就业信息，指导学生调整就业心理、掌握面试技巧。例如，利用微博、微信、短信、QQ、博客、辅导员思政论坛向大学生传授经验，建立立体的、多维的网状就业指导模式，等等。

（四）择业与创业相结合

就业指导必须与创业教育紧密结合。市场经济为个人的生存、发展提供了多种途径，社会岗位呈现多元化状态。我国正处在经济转型阶段，工作岗位也处于不断调整之中，很多原有的社会岗位将消亡，新的岗位将不断涌现。就业指导需要使当代大学生明确：不仅要择业，而且要发挥自身的特长，自主创业。

创业是实现自我生存与发展的有效路径。为此，高校应加强对创业教育的理论研究，把创业教育纳入教育内容中，融入教学体系中，逐渐形成从培养目标、培养模式、人才结构到教学计划、课程设置、实践教学等方面全面融合、一体化的新培养体系。

四、加强大学生就业指导中的思想教育队伍建设

高校就业指导功能有效发挥的关键的一环就是教师。目前，我国的高校就业指导师资队伍力量还十分薄弱。为此，高校应该采取多种措施，通过各种途径，为打造一支高质量、高水准的高校就业指导师资队伍而努力。

（一）建立一支全员参与的思想教育工作队伍

要做好大学生就业指导工作中的思想教育，要努力实现思想教育与就业指导的有机结合，使思想教育与就业指导并进，从而建立一支全员化的思想政治教育工作队伍。高校可以建立一支由心理指导教师、专任教师、辅导员、班主任、系书记组成的思想教育师资队伍，使他们之间密切配合、各司其职，做好学生的思想教育与就业指导工作。心理指导教师、辅导员、班主任、系书记要对学生进行就业指导并为其提供心理咨询服务，及时解决学生的心理问题，使大学生认清当前的就业形势，调整对就业的期望值，让学生发现自我、开发自我，解决学生的思想问题。有条件的学校可以邀请领导、专家、学者、企业家等来校对学生进行指导，建立一支全民参与的工作队伍。

（二）保证充足的思想教育教师数量

教育部围绕强化高校就业服务机构以及队伍建设等方面陆续出台的相关文

件中明确规定，要严格按照毕业生总数1∶500的规定配备就业指导工作人员，教育部提出的这个1∶500的比例为最低要求，高校在满足这一最低标准的基础上，还要结合本校的实际情况，进一步研究制定更为科学合理的标准，按照一定的师生比例配备专职就业指导教师。

1. 注意专、兼职的结合

当前，国内大部分高等院校尚没有固定的就业指导教师，只有个别的几所顶尖院校设置了专职就业指导教师岗位。高校就业指导师资队伍也主要是由学校就业指导机构工作人员、辅导员及专业课教师等混编而成。

就业指导教师具体可以分为两种：一种是专职就业指导教师，一种是兼职就业指导教师，其中兼职就业指导教师又分为校内和校外两种。专职教师与兼职教师之间可以取长补短、优势互补，这样既可以保证就业指导的理论性，又可以满足其实践性的需求。

2. 不断加强兼职师资队伍建设

高校兼职就业指导师资力量包括：学校内聘兼职教师，主要包括各院系党委、团委主要负责人、辅导员、各专业授课教师等，这些人主要负责收集、筛选、处理、发布与学生就业息息相关的各种信息，帮助学生与用人单位之间进行沟通，协助办理就业协议书等事务性工作；社会外聘兼职人员，包括校外知名专家学者、政界精英、商界名流、知名校友以及各行各业中的翘楚等一些社会著名人士，他们深厚的底蕴、成功的经历、丰富的社会实践经验能够拓展学生的就业思路，增强学生对就业择业的紧迫感，帮助学生积极适应社会、融入社会。

高校兼职就业指导师资力量是对高校专职就业指导师资力量的有益补充，高校要不断加强兼职就业指导师资队伍建设，大力扩充校外兼职人员队伍力量；要积极邀请政府和企业等工作在第一线的人士来校担任学校就业指导课或就业指导公益性讲座的兼职教师，让他们向学生提供精准的行业信息并传授职场的成功经验，介绍行业的现状、特点及其对行业发展的未来预测，为学生就业提供参考依据。

3. 重点加强专职师资队伍建设

专职就业指导教师在大部分高校中虽然尚属于新兴岗位，但其作为高校就业指导的教学主体，在提升高校就业指导教学质量，增强就业指导实效性方面发挥着重要作用。因此，必须重点加强专职就业指导师资队伍建设的力度。

由于专职就业指导教师岗位具有其特殊性，专职并不等于职业化，专职就业指导师资队伍还要进一步向职业化方向转变。因而在专职就业指导师资的引进机制方面也要注意把握以下几点。首先，引进的教师必须具有良好的理论素养，最好具有人文社科等相关专业背景，对于高等教育学、法学、心理学、社会学等学科方向的硕士及以上学历者可以优先引进；其次，引进的教师需具备良好的心理素质和抗压能力。此外，引进的教师还需要具备优秀的信息处理能力、亲和力以及语言表达能力和沟通能力。

（三）提高思想教育工作者的综合素质

就业指导中的思想教育工作者作为实施思想教育活动的主体，对大学生的就业指导发挥必要的作用。在新的形势下，大学生就业思想情况的变化给高校思想教育者的素质提出了新的要求，提高思想工作者的综合素质尤为重要。

1. 提高思想教育工作者的知识素养和道德素养

现代社会是知识经济的时代，是信息化的时代，思想教育工作者只有不断提高自己的知识素养，才能满足当代大学生的求知欲，高校思想教育工作者要不断学习马克思主义中关于思想教育的内容，并将其作为思想教育工作的理论基础，学习思想教育方法以及工作方面的专业知识。除此之外，高校政治教育者还应具备与思想政治工作相关的知识，掌握并运用教育学与心理学的方法，帮助大学生端正就业态度，树立正确的就业观；思想教育在塑造学生灵魂方面的作用是其他教育手段难以替代的，思想教育者应该注意提高自身修养，以自身的良好形象来教育学生。这就要加强思想教育者的敬业精神，增强其责任感，使其做到为人师表，用高尚的精神来塑造学生、影响学生，起到良好的模范作用。

2. 提高思想教育工作者的工作能力

就业指导中的思想教育工作要针对大学生出现的心理问题展开，引导大学生树立正确的人生观、价值观、就业观，这就要求工作者具备一定的能力和素养。大学生就业指导中思想教育者要加强就业指导理论学习，具备深厚的政治理论基础，掌握大学生就业教育方法、专业基本知识，同时还要提高组织管理能力和分析预测能力，善于了解、观察学生，通过谈话和座谈会等活动，发现大学生的能力，提高其处理问题的能力。

3. 提高工作者的服务与创新教育意识，辅以现代化手段

学生是思想教育工作者的工作对象，也是整个思想教育工作中的主体部分，

所以思想教育工作者应该树立以学生为本的工作理念，调动起学生主动参与思想教育工作的积极性，思想教育工作者要从大学生的实际情况出发，对大学生思想观念发生的变化进行深入了解，了解大学生的心理问题，发挥思想政治工作者在大学生就业指导工作中的作用，帮助大学生解决心理问题，帮助大学生顺利就业。提高以学生为本的服务意识是思想教育服务就业指导的要求，也是思想教育的内在要求，高校思想教育工作者作为教师队伍的重要组成部分，要树立创新意识、创新理念，并具备创新教育的能力，完善自身的专业知识，以自身的知识修养激发大学生的求知欲、探索精神以及创新意识。思想政治工作者只有提高创新能力和意识，才有可能帮助大学生解决思想认识问题，达到创新教育的目的，在就业指导中进行思想教育，要充分利用现代化的科技手段，增强思想教育的效果和吸引力，熟练掌握并运用现代化手段进行思想教育。

五、健全大学生就业指导中的思想教育机制

大学生思想政治教育是社会主义精神文明的重要组成部分，不断加强和改进大学生思想教育是构建和谐社会的重要一环。

（一）加强统筹，健全改善领导机制

高校党委要把大学生全面发展作为工作目标，对人才实行统一领导。

（二）制度保证，建立完善保障机制

首先，要完善队伍保障机制。建立专业的就业培训机构，形成系统的培训体系，使队伍的思想意识和工作效率不断加强；要实行严格的聘用制度，大学生思想教育队伍需要不断吸收尽职尽责、德才兼备的干部班子和教师团体；完善评优制度，组织学生就业指导的评优活动，为大学生思想教育工作注入新鲜的血液。

其次，完善考核机制，建立大学生思想政治教育的测评工作体系，对领导部门、职能部门和院（系）开展绩效评估；探索建立思想教育质量评估机制，从现行的单一性工作任务考评向综合性质量评估转变的同时，将大学生思想教育工作纳入高校党的建设和成绩测评体系中，要加强对大学生思想教育工作的重视程度，给予资金投入，对社会实践、校园文化、心理健康教育、毕业生就业指导等专项经费的投入也要加大，确保各项工作的顺利开展。

六、构建全程就业指导模式

全程化就业指导就是从大学一年级开始，通过各种形式的就业指导，帮助学生树立正确的择业观念，使学生了解就业政策和求职技巧，培养其求职择业应该具备的素质和能力，并开展职业生涯规划教育，及时为其提供有效市场需求信息，努力为学生顺利就业提供服务。

（一）构建大学生全程就业指导模式的原则

构建大学生全程就业指导模式应遵循如下原则：

1. 全程性原则

要做到全程性就业指导，就要从三方面做起：一是对象上，既要对毕业生进行就业指导，又要拓宽教育对象，把四个年级的在校大学生都纳入系统的就业指导中来，使大学生明白"为了明天的就业，今天应该如何提高自身"，择业准备要从进入大学校门开始；二是在时间上，要将就业指导时间延伸到大学生思想政治教育的全过程，贯穿于大学生活的始终，而不是临近毕业才开展突击性训练和培训；三是在内容上，应拓展到整个大学的世界观、人生观、价值观的塑造过程中去，因此就业指导工作应从大学一年级就开始，并且贯穿整个大学四年学习的全过程，让大学生一跨进大学校门就开始关注就业问题，从这个意义上说，就业指导应该是一种全程性教育，它有利于大学生始终将自己的学习紧密地与谋职和就业相联系，使其珍惜大学生活，积极主动地根据自己的兴趣、爱好和对职业的判断进行学习，努力提高自己的整体素质，真正成为把握自己命运的主人。

2. 发展性原则

就业指导的发展性主要体现在其教育目标上，主要是通过课内外的多种教育方法，强化学生对自我和社会的认知，全方位培养学生的就业素质和能力；与治疗性就业指导的"事后"教育和训练性就业指导的"临时"教育不同，发展性就业指导旨在培养学生的综合素质和能力。毕竟，大学生能否成功就业并非仅仅取决于某一种素质和技能的获得，更重要的是看其是否具备全面的素质和能力。

3. 系统性原则

系统性是针对就业指导的内容而言的。培养大学生的全面素质，提高其就业能力，就需要拟定科学的培养计划，设置相应的课程，对大学生进行系统的教育。显然，系统的就业指导不能仅仅局限于开设讲座、开展就业政策法规咨询、求职技巧的传授等活动，还应该涵盖职业理想和职业道德教育、职业生涯规划指导、择业观和职业观教育、从业能力培养等多方面的内容。它是一个根据大学生自身特点而进行的循序渐进的教育过程，包括自我认知教育、职业认知教育、社会认知教育和综合能力培养。可见，就业指导应该是一个由浅入深、由面到点、由理论到实践的系统教育过程。

4. 针对性原则

针对性是指在全程就业指导的过程中要针对不同学生群体、不同层次的学生进行不同的就业指导，不同层次是指在校不同年级学生的就业指导要循序渐进，从而使整个就业指导、内容形成一个完整的体系；不同群体是指对于不同专业的学生，要结合其专业特点，在内容、方式上对其进行不同的就业指导。不能用同一套就业指导内容对不同年级、不同专业的学生进行就业指导。

（二）大学生全程就业指导模式的阶段划分与教育内容

根据生涯发展理论，结合大学生活和教育的实际，我们将大学阶段的就业指导分为以下几个阶段：

1. 就业探索期：适应教育

一年级为就业探索期，应着重从适应大学生活的角度，使他们认识到大学教育的意义、特点，认识专业的特点以及职业方向，鼓励他们根据自身的特长和爱好，制定出大学四年的奋斗目标，试探性地进行生涯设计。在教育过程中要使学生做到以下几点。第一，明确成才目标，将理想与现实结合起来；第二，掌握成才方法及途径，适应大学学习方式及大学生活；第三，做好不怕困难、敢于创新的思想准备；第四，制定成才方案及步骤，确定四年目标与阶段性目标，制定具体的实施办法，并贯穿到大学四年的学习生涯中。就业探索期的教育主要以课堂讲授的形式开展。

2. 就业定位期：认识教育

二年级为就业定位期。二年级的大学生主要侧重于如何塑造和完善自己，努力建立扎实的基础知识和合理的知识结构，正确认识自己。

二年级的大学生已经普遍适应了大学的学习、生活，此阶段是转入专业学习的准备阶段，公共基础课即将结束，专业课即将开始。此时个人的专业发展方向定位十分重要，就业指导工作应在就业探索期教育的基础上着重进行人生规划教育，指导学生进行职业兴趣、职业能力、职业倾向方面的测试，帮助学生分析自我优势和不足，让学生了解自己的心理、性格特征和与之相对应的职业适应范围，了解专业发展方向，初步确定位个人今后的职业发展方向，初步拟出个人的职业发展规划。同时要以社会实践为重要途径，有效地开展认知教育，使大学生树立正确的择业观。大学生是人才生产流水线上生产周期为四年的特殊产品，因此，有一个明确的学习目标和发展方向是相当重要的。教师应根据学生自身的特点和兴趣合理地制定人生规划，避免学习的盲目性，提高学生的学习动力。

3. 就业实践期：专业教育

三年级的大学生已经具备了一定的专业基础知识和技能，开始实施职业发展计划，大三的学生已经基本确立了自己的发展方向，明确了自身能力的培养目标。此时，应帮助他们认清专业所适应的工作领域，并结合自己的身心特点和能力倾向，通过专业技术基础的调适，培养和发展与其职业目标相适应的素质和优势或对其职业目标做出调整。高校应对三年级的大学生进行就业思想、政策、信息、实习等方面的指导。

4. 就业分化期：就业指导

四年级大学生已经把就业作为自己的主要任务之一了，他们考虑最多的就是自己的"出路"问题了，此时要加强毕业生的就业指导工作，提高毕业生找工作的能力，切实地为毕业生就业提供服务，让他们能够顺利就业。可以说大四是对毕业生进行就业指导教育的关键时期。

第一，要帮助毕业生正确定位，使其认清形势和社会需要，恰当地确定就业期望值，使自己的理想符合实际要求。作为毕业生，不能再犹豫不决，应该将目标锁定在成功就业上。这时可先对自己三年的准备工作做一个总结：首先检验自己已确立的职业目标是否明确，前三年的准备是否充分；其次积极参加招聘活动，在实践中校验自己的积累和准备；最后，进行模拟面试。积极利用学校提供的条件，了解就业指导中心提供的用人公司资料信息、强化求职技巧、进行模拟面试等训练，尽可能地在做出较为充分准备的情况下进行演练。

第二，要加强就业指导的服务功能，强化就业政策介绍，要及时向学生介绍每年出台的新的毕业生就业政策，以指导就业工作，要准确告知学生毕业生择业的具体程序、时间限制、责权等。

（三）全程就业指导模式的实施对策

全过程渗透的就业指导模式是一个以学生职业生涯规划和发展指导为主轴，以打造学生适应社会和职业需要的核心竞争力为焦点，以确立学生正确的人生观、价值观、择业观为基础，以素质拓展、培养学生创新能力和创业精神为目标的系统工程。大学生就业指导模式的实施应注意以下几点。

1. 建立和完善就业指导理论体系

就业指导是一项系统工作，它也有自己的理论体系。西方发达国家已经在发展心理学、人本心理学理论基础上实现了从"职业指导"到"生涯辅导"的转变，形成了成熟的职业生涯辅导理论，其成为西方发达国家现代职业指导及大学生就业指导的理论基础。生涯发展理论认为职业发展是一个长期的、连续性的发展过程，职业选择不是在就业时才面临的事件，而是一个发展过程。因此职业指导工作也应该是一项长期的、系统的工作，应贯穿于长期的教育工作中，生涯辅导的目标是促进个体的生涯规划的成熟，即协助个人实际地达到他应该达到的生涯发展阶段。因此，学校的生涯指导应贯穿于不同教育阶段的始终，教师应承认每个人的才能是有差别的，重要的是在指导过程中发现并挖掘个人的潜能，给予个人充分发展的机会，以独特的方式去发展及表现他的才能，协助个人适应快速变迁的社会与职业环境，并采取灵活的方式，以实现个体的生涯发展目标。

2. 打造学生核心竞争力

现代高等教育的发展表明，复合型人才备受欢迎。学生能力和素质的提高，不是一朝一夕就能实现的。它需要一个认识、实践、再认识、再实践的多次反复的过程。它是一个工程，是一个学生主动参与、教师加强培养的综合工程。因此，在学生求学过程中，高校应分阶段、有重点地对学生进行指导，使学生进行自我锻炼，调动他们的主观能动性，使他们有意识地提高自己的素质和能力。

3. 建立有针对性、形式多样的就业服务体系

要构建新形势下的大学生就业指导工作体系，就要成立专门的大学生就业指导机构，做到就业指导机构专门化、指导人员职业化、指导工作社会化、服务途径信息化。高校要针对学校毕业生就业工作的实际，建立"学校就业指导中心＋院系就业领导小组"的就业工作体系，让他们共同完成对学生的就业指

导工作。高校应在机构设置、人员配备、办公条件、经费保障等方面给予重点支持。

4. 提供高质量的就业信息服务

获取就业信息是学生择业的前提。高校是联系学生与社会的桥梁，高校各部门为学生提供高质量的信息服务是就业指导的一个重要环节。因此，高校一方面应建立毕业生资源信息库，客观地反映学生生源、专业特长、就业意向等基本情况，以方便用人单位进一步了解学生的情况。另一方面，应建立用人单位信息库，加强与用人单位的联络，与其建立良好的合作关系，使其成为学生了解社会的窗口。学校应主动搜集社会的需求信息，及时掌握人才供求动态，为学生提供咨询、辅导，以便于学生进行选择。毕业生是高校的"产品"，其培养的学生是否"适销对路"，关系到高校的生存与发展。因此，要做好毕业生就业的追踪调查工作，了解社会需求趋势，做好人才需求的预测、分析工作，为广大学生提供优质服务，更重要的是为高校制订招生计划、设置专业提供依据，使高校依据社会对人才的需求状况，在招生就业方面形成一个有机的整体，形成良性循环，以推动高等教育事业的健康发展。

第八章　思想政治教育与创新创业的有机结合

第一节　将思想政治教育"嵌入"大学生创业教育中

一、大学生创业教育的内涵及意义

创业教育作为一种素质教育和实践教育越来越受到各国政府和教育界的重视。思想政治教育领域的拓展和功能的发展、实践的本质及其培养目标的要求，迫切需要发挥思想政治教育在大学生创业教育中的作用。分析创业教育的内涵有利于我们更好地把握它们之间的联系。

（一）创业教育的内涵及特征

1. 创业教育与大学生创业教育的含义

联合国教科文组织指出：创业教育，从广义上来说是培养具有开创性的个人的教育，它对于拿薪水的人也同样重要，因为用人机构或个人除了要求受雇者在事业上有所成就外，正越来越重视受雇者的首创精神、冒险精神、创业能力、独立工作能力以及技术、社交和管理技能，它为学生的终身学习打下了良好的基础。而狭义的创业教育则是与增收培训的概念联系在一起的："增收培训是为目标人口，特别是那些贫困和不利人口提供急需的技能、技巧和资源，使他们能够自食其力。"

大学生创业教育是指结合专业教育，向大学生传授创业知识，增强其创业意识，培养其创业精神，提高其创业能力，使大学生毕业后大胆走向社会，实现自主创业或在以后的工作中实现自我发展的一种教育模式。它是集教育学、心理学、管理学、经济学、创业学、创造学、法学等学科为一体的综合性学科。

2. 创业教育的特征

创业教育不仅仅是教育方法的改革或教育内容的增减，而且是教育功能的重新定位，是带有全面性、结构性的教育革新，这是一种反映时代精神，以培养创新创业型人才为价值取向的新的教育思想和教育理念，反映了人们对教育本质及其规律认识的不断深化，是对教育活动的价值规范。其特征如下。

（1）实践性

大学生创业教育不是凭空产生或依靠空洞的说教就能够建立起来的，而是要在开设相关创业教育课程的基础上，通过建立一定的创业实践基地并引导学生开展创业活动，有目的地培养学生的过程。同时，创业教育又反过来指导、影响创业实践。高校要开展丰富的创业教育实践活动，让学生在实践活动的熏陶中形成良好的创业品质和创业精神。

（2）主体性

主体性是人的本质特征，人的创新性的潜质就存在于人的主体性当中，创业教育就是把学生培养成社会实践活动的能动的主体。因此，创业教育尊重学生的人格和学生的主体地位并遵循参与原则，以最大限度地激发学生的积极性、能动性、主动性和创造性，培养学生对知识、问题主动思考的质疑态度和批判精神，使其运用所学的知识解决实际问题，使学生了解和掌握创业规律和特点，以及创业主体所应具备的基本素质。

（3）独特性

每个高校在发展历史、类型、规模、地理位置和学生素质等方面都有一定的独特性，因此必然会形成具有本校特色的价值观、道德规范和发展目标，高校在开展大学生创业教育的过程中，不能简单地照搬其他院校的经验，而是要基于本校的实际情况，构建适合自身特色的创业教育体系。

（4）可塑性

在大学生创业教育的开展过程中，创业者虽然会受到一些传统因素的影响，但主要是受现实环境和氛围的影响，创业意识、创业精神等并不是先天形成的，更多地来自后天的培养。只要充分发挥高校师生的能动性、创造性，积极倡导新观念和新精神，就能够对传统的就业观念进行扬弃，实现从就业指导向创业教育的转变。

（二）大学生创业教育的内容

创业教育的内容是通过创业教育的目标来确定的，创业教育旨在培养大学生的综合能力，使其具有与时俱进的创新意识和开拓进取的创业精神。创业教育的首要目的是培养大学生的创业意识，针对大学生的心理素质和道德品质等来开展教育；使大学生掌握必备的创业知识、创业能力等，从而形成一个完整的教育体系，保证高校创业教育目标的顺利实现。

1. 解决大学生思想方面的问题

（1）创业意识教育

创业意识是指在创业实践活动中对人起推动作用的个性心理倾向。它是创业素质的重要组成部分，主要由创业的需要、兴趣、动机、信仰和世界观等要素组成。这些在创业素质中的社会性质部分被集中地体现了出来，创业意识影响着创业者的创业动机、态度和行为。对于大学生创业者而言，创业意识影响着他们的创业态度和行为的方向等，这其中使大学生树立独立自主、艰苦奋斗的自主意识是创业教育的首要任务。良好的品德是创业者必须具备的，在培养大学生自主创业意识的过程中，必须把对他们的思想品质教育工作放在第一位，积极进取、开拓创新、百折不挠、自强不息这些品质是创业者必须具备的。高校要培养大学生的自主创业意识，激发大学生的创业热情和激情，帮助大学生树立正确的创业理念和创业意识，使他们无论是心理上还是行动上都敢于创业、乐于创业，并且善于创业。

（2）创业心理教育

创业是一种机遇和风险并存的挑战，是一个复杂的过程，每个准备创业的人都应当具备良好的心理素质。当创业者在实践过程中遇到风险或者困难时，并且失去理性与耐心时，要有针对性地培养其创业心理素质，调节其心理及行为，创业心理教育会让他们树立自信，主动承担风险。高校要通过创业心理教育，培养大学生良好的心态或者心理素质，提高大学生自身的思想道德修养，使其树立团队合作精神。

（3）培养大学生的社交能力和团队协作意识

创办企业不能闭关自守，要广泛和外界联系。对于创业者来说，对外交际、沟通和协作能力是必不可少的。创业者在一开始创业时要和工商、税务、银行打交道，要和客户、企业职工以及市场打交道，为了搞好各方面的关系，创业者应具备协调能力、语言表达能力、人际交往能力。在大学生创业的过程中，合作精神和团队意识在某种意义上起着决定性的作用。创业者要掌握团队协作和与人沟通的能力。因此，在创业教育中，一定要加强对学生社交能力的培养。

（4）培养大学生的创新意识

创新意识要求创业者对创业要有一种新的认识。创业对创业者来说是一种全新的活动，是一种自己想过但是第一次实践的全新活动。创业者要以新的方式、新的想法、新的工作思路去对待一种新的事物，要有一种新的观念，创业者的思路要开阔，计划要周全，要有市场意识，要有经营头脑。开展创业思想教育的关键是鼓励学生打破常规，摆脱传统观念的束缚，培养学生的创新与超越意识，引导学生主动创业，培养学生的胆量、勇气和开拓精神。

2. 使大学生具备基本的创业知识、能力和技能

（1）创业知识教育

扎实的创业知识是成功创业的基础，大学生在具备了创业意识和创业精神后，还要加强对创业知识的学习和积累。创业所需要的知识是系统而繁杂的，包括经济管理方面的知识，如财务管理、会计、生产管理、物流管理、人力资源管理等；法律方面的知识，如企业合同法、税法、知识产权法等。同时还应使大学生对自己感兴趣的创业领域进行深入的了解，使其了解产品的生产流通和市场供求环节。

（2）创业能力教育

创业能力是一个人综合素质的体现，也是创业能否成功的关键因素。创业能力主要包括以下几个方面。一是领导能力。一般来说创业者同时也是自己所创办企业的领导者，其需要对自己领导的团队进行指挥，对重大决策作出有效的裁决，对所面临的环境进行考察，在团队当中扮演着舵手的角色。二是交往协调能力。成功的创业者需要搞好内外团结，处理好人际关系，这样才能营造一个有利的创业环境，为成功创业打好基础。三是学习能力。学习是一辈子的事情，只有不断地学习，才能在竞争中立于不败之地。学习能力不但包括获取知识的能力，也包括快速将知识进行转化和应用的能力。四是创新能力。创新是一个民族的灵魂，是一个国家兴旺发达的不竭动力。因此，创业者必须具备创新能力，紧跟时代的脚步，将创新的思想转化为实际行动，创新包括管理创新、技术创新和决策创新。

（3）创业实践教育

创业教育要求创业者在实践中实现个人目标，实现创业成功。创业教育本身就是实践性很强的教学活动，只有在具体的实践中，大学生才能找到具体的问题及解决问题的方法，因此要鼓励大学生积累经验，使之对创业的认识从感性的层次上升到理性的层次。

（三）我国当代大学生创业教育的重要意义

随着我国改革开放的不断深入和高等教育由精英化向大众化的转变，劳动力市场供大于求的矛盾日益突出，解决这一供需矛盾的有效方法就是自主创业，这也是当今大学生把时代需要和自己的命运结合起来的最好方式。因此，对当代大学生进行创业教育是时代的要求，是经济社会发展的需要。创业教育具有重要的意义，它不仅能解决当前大学生就业难的问题，也有利于维护社会的稳定，同时为社会主义现代化建设培养更多的优秀人才。

1. 有利于大学生思想观念的更新，使优秀人才脱颖而出

高校要对大学生进行创业教育，教育和引导学生正确认识自我和社会，让学生审时度势，正确分析形势，找准自己的位置，明确自己的人生目标，使大学生转变传统的就业观念，树立正确的创业观。

高校要培养大学生的创业意识、创业精神、创业知识及创业品质等，使其成为全面发展的人才，并充分发挥自身的优势，实现个人价值和社会价值的统一。

2. 有利于缓解大学生的就业压力，维护社会稳定

我国大学毕业生就业压力的不断增大，是创业教育兴起的直接原因。创业教育者要转变学生的就业观念，使大学生把就业的巨大压力转变为创业的强大动力，引导大学生树立正确的创业观念；培养大学生的创业意识、创业精神、创业能力及创业品质，使大学生形成健康的心理。创业教育在一定程度上缓解了当代大学生的就业压力，有利于维护社会的稳定。

由此可见，当代大学生创业教育不仅对学生个人具有重要的意义，对整个社会也具有十分重要的意义。

3. 有利于培养创业人才，提高创业者的整体素质和创业水平

创业教育对大学生来说是十分重要的，它不仅能够提高大学生自身的创业素质和水平，同时能够提高以大学生为主体的创业队伍的整体素质和水平。

二、大学生创业教育与思想政治教育的关系

大学生思想政治教育以思想、政治和道德等意识形态教育为主，研究大学生的思想品德活动规律、思想政治教育规律，以大学生思想品德的提升和主体性的培养为根本目的。创业教育以培养受教育者的创业意识，激发受教育者的

创业热情，提高受教育者的创业能力和创业水平为目标，相对于思想政治教育而言，创业教育在培养受教育者实践能力方面的作用更加突出。

（一）思想政治教育是实施创业教育的重要途径

1.增强大学生的创业意识

创业意识并不是与生俱来的，需要教育者不断地启发和引导。创业意识教育可以说是创业教育的着力点，能使大学生在思想上产生创业意识，形成一定的创业动机，驱使其为了实现创业目标而努力奋斗，激励其克服困难、勇往直前。大学生一旦具有了开拓创新的意识，就能产生强烈的内在动力，有了动力，创业教育才能顺利开展。

2.提高大学生的创业能力

创业能力是一个创业者所必须具备的能力，也是一个创业者综合素质的体现，是一种综合能力，包括思维能力、学习能力、领导能力、沟通协调能力等。许多学者认为，现在的学科门类开始走向边缘化，学科知识的相互借鉴不仅成为可能，而且可以促进不同学科的共同发展。创业所需要的知识包罗万象，单独的创业课程不可能包罗一切，因此要在各科教学中广泛渗透创业教育。思想政治教育具有特殊性和包容性，且旨在提升大学生的综合能力，这与创业能力教育的目标不谋而合，因此，思想政治教育能有效提高大学生的创业能力。

3.帮助大学生做好职业规划

职业规划是思想政治教育的重要内容，也是创业教育的重要内容，其在创业教育的内容当中处在第一个层次。创业不是一时冲动的行为，更不是跟风，而是要在认识自己、了解自己的基础上进行系统的规划。职业生涯规划是指将个人发展与组织发展结合起来，对决定个人职业生涯的主客观因素进行分析、总结和测定，从而确定一个人的事业奋斗目标，选择实现这一事业目标的职业，编制相应的工作、教育和培训计划，并对每一步骤的时间、顺序和方向做出合理的安排。

4.培养大学生的创业品德

道德教育是思想政治教育的核心内容，而高尚的品德是每一个创业者都应当具备的素质，是企业家的"立业之本"，也是企业家最看重的财富。传统的思想政治教育是当代大学生养成良好道德品质的源泉，对于准备创业的大学生来说，好的道德品质会成为一种力量，也是大学生创业成功的保障。

（二）开展创业教育是大学生思想政治教育改革创新的内在要求

思想政治教育是在结合我国国情的基础上开设的一门学科，具有其特殊性和实效性。创业教育这一新的教育形式的引入，可以为传统的高校思想政治教育带来新的元素，促进思想政治教育目标的调整和教育内容的更新。

1. 培养创业型人才是高校思想政治教育的新目标

培养具有高素质的创业型人才是时代发展的要求，是我国人才培养的重要目标。高校作为培养高级专门人才的主要基地，在培养创业型人才等方面发挥着重要作用。高校思想政治教育也应当本着"与时俱进"的精神，重新审视现有的思想政治教育理念，改变人才培养观，把创业型人才的培养纳入当前高校思想政治教育的目标体系当中。

在很长一段时间里，高校思想政治教育一直将目标定在解决学生思想问题上，但是面对当代社会快速发展的经济和文化形势，人们的生活方式、价值观念等许多方面都产生了巨大的改变。为了适应这些改变，高校思想政治教育应保持与时俱进的精神，转变人才培养观念，随时更新自己的教育目标，将培育创业型人才作为思想政治教育的新的目标，这也是时代发展的需要。

2. 创业教育是高校思想政治教育拓展的新内容

传统高校思想政治教育以理想信念、思想道德、价值取向、人生态度、民主法制等教育内容为主体，这无疑是必需的。但作为培养面向世界、面向未来、面向现代化的高层次人才的高校思想政治教育，光这些还远远不够，必须充实和拓展具有较强时代特色的内容。其实，思想政治教育的本质就是实践性，实践是思想政治教育的源泉和发展的动力。当前我国正在积极开展创业教育，除在课堂上进行理论课教学外，更多的是把创业教育渗透于校园文化活动、社团活动和社会实践的环节中去，在实践活动中培育大学生的创业精神和创业能力。

（三）大学生思想政治教育使创业教育更加完善

思想政治教育除了能为大学生创业教育保驾护航之外，还有助于大学生创业教育在整体上的完善，这主要体现在帮助其提高针对性和实效性两个方面。

1. 有助于提高大学生创业教育的针对性

把学生培养成为具有创造性思想、创造性能力的人才，既是高等教育培养人才的方向和目标，也是我国教育改革和发展的方向和重点，把培养具有事业心、创新精神的创业型人才作为高等教育发展的目标是推进高等教育大众化和建构新的高校人才培养模式所需要的。当代的高等教育应当加大培养大学生创新能力、实践能力和创业精神的力度。积极开展创业教育，将这些思想政治教育的目标纳入创业教育中，有助于提高其针对性，提高大学生对创业教育的兴趣。

在新的形势下，高校思想政治教育能够在原有基础上进一步丰富和完善大学生创业教育，使其服务于高等教育大众化的发展目标，服务于学生就业和发展的要求，能够使学生树立正确的职业价值观，理性地选择就业模式，自觉迎接未来的挑战，主动进行创业尝试，形成初步的创业能力。

2. 有助于提高大学生创业教育的实效性

除了缺乏针对性，我国大学生创业教育还存在手段单一、理论与现实相背离、创业教育者的素质参差不齐等问题，这些问题严重影响了大学生创业教育的实效性。

思想政治教育对提高创业教育实效性的作用主要体现在以下两个方面。第一，思想政治教育有助于增强大学生理想信念教育的实效性。大学生创业教育是人生理想信念教育的一种具体形式，创业目标的确立是人生理想的外在形式和具体表现，创业目标的逐步实现将会更加坚定大学生的理想信念，创业综合素质和能力是大学生实现人生理想的基本条件。创业教育的开展，有助于提高大学生理想信念教育的现实性、针对性和活力。第二，思想政治教育有助于增强创业教育的实效性。坚持理论教育与实践教育相结合，是提高学生创业素质的重要途径。思想政治教育非常重视实践的价值，以实践作为载体，因此思想政治教育能充分调动大学生的积极性，从而增强创业教育的实效性。

三、将思想政治教育"嵌入"大学生创业教育中

高校创业教育适应社会发展需求的变化，是高校培养人才的新兴方式。在目前劳动力市场形势严峻的情况下，创业教育与思想政治教育综合开展，可以帮助学生打破原有的就业观，树立正确的就业观，选择适合自己的就业方向，实现大学生的充分就业。

思想政治教育是高校一项重要的教育活动，是对大学生系统地进行马克思主义理论教育和思想政治教育的主渠道和主阵地，是帮助大学生树立正确的世界观、人生观、价值观的重要途径，对培养大学生的创业能力具有不可忽视的

作用。思想政治理论的目的是塑造精神、固化信念、扶正思想，思想政治理论课是大学生思想政治教育的主渠道。

因此，为了更好地依托思想政治教育开展创业教育，就必须明确创业教育的思想政治教育功能，将思想政治教育嵌入大学生创业教育中，其做法具体说来有以下几个方面。

（一）转变教育观念，着重培养大学生的创业素质

为了做到以人为本，在提高大学生素质方面起到真正的实际作用，就必须转变传统的思想政治课教育观念、工作观念，重新定位教学要求，让思想政治教师逐渐重视对大学生创业素质和创新能力的培养，从大学生的实际需要出发，引导大学生认清自身所处的环境与面临的形势，帮助大学生准确定位自己的人生，选好自己要走的路，将培养创业型人才的目标融入思想政治理论教学中，注重对大学生创业素质的培养，这对于新时期思想政治理论课的教学改革具有十分重要的促进作用。培养创业型人才的目标有利于思想政治理论教学培养全面发展的人，高校必须充分认识到，面对我国社会主义市场经济体制建立后的新形势，只有将创业教育与思想政治教育结合起来，才能同时提高两者的实效性和针对性，才能为祖国的社会主义现代化事业培养出更多具有高素质和综合能力的创业型人才。

1. 以思想政治教育引导大学生树立正确的择业观

择业观就是择业主体对选择某种社会职业的认可，对职业的社会地位、工作待遇等最基本的判断，择业观念是人类社会发展到一定阶段的产物，它随着社会职业的出现而产生并随着择业环境的变化而不断丰富和发展。不同时期的择业观念受人们对社会的认识和知识积累的限制，受社会观念、道德观念、生活观念等因素的影响和制约。择业观是世界观、人生观和价值观在择业方面的集中体现。高校应发挥思想教育工作的作用，进行正确的舆论宣传和指导，引导大学生树立崇高的职业理想，重视人生价值的实现，让大学生意识到职业活动是人谋生的方式和手段，是人奉献社会、完善自身的必要条件要让他们摆正国家、集体、个人之间的关系，把成才意识纳入社会总体发展需要的轨道上，纠正他们认为提倡集体主义等同泯灭个性，把国家和集体利益视为个人利益对立面的认识偏差，摆正他们的义利观和金钱观。在教育大众化的背景下，思想政治教育工作者要引导大学生认识到创业对于个人成功和国家发展的积极意义，并投身于创业实践。

2. 以思想政治教育引导大学生形成创业理念

创业理念是指在创业实践活动中对人起动力作用的个性心理倾向，集中表现了创业素质中的社会性质，支配着创业者对创业活动的态度和行为，规定其态度和行为的方向和力度，是创业素质的重要组成部分。它包括动机、创业兴趣、理想、信念和世界观五个层次，并且由低向高呈现。体现在创业行为上依次为创业动机、创业兴趣、创业理想、创业信念、创业价值观五大因素。

创业动机是创业活动最初的诱因，是创业的原动力。马斯洛的需要层次论向我们说明人有低级需要和高级需要两种需要。需要产生动机，动机强化需要。大学生创业有的是追求财富或者是崇拜创业偶像，有的是为了自我价值的实现。

创业兴趣是对自己所从事的行业的积极情绪和态度，兴趣是最好的老师。古今中外，凡有成绩者无不对自己所从事的事业有着浓厚的兴趣，兴趣推动着他们进行孜孜不倦的追求乃至取得成功。

创业理想是创业品质的高级形态。创业信念是在实现理想过程中塑造的，创业信念是指大学生对与创业实践有关的意见、知识、看法等形成的较为固定的思想和观念，并坚信其真实性和有效性的心理倾向。

创业价值观就是创业主体以自己的动机需要为基础，结合自己的创业兴趣和理想，对创业目标的重要性的认识和在创业时采取的行为方式的判断和选择标准，它指导和调节着人们的创业目标和创业行为。创业价值观及创业理念是创业理想的最高表现形式，它对创业行为起着调节和指导的作用。

高校要积极发挥思想政治教育的价值，营造良好的舆论环境，宣传创业教育的意义，树立创业典型，提高大学生对自主创业的认识和情感，激发大学生的创业动机，培养大学生的创业兴趣，坚定大学生的创业信念和创业价值观，使创业理念成为大学生创业的稳定的动力。

3. 激发大学生的创业意识

创业意识是创业教育的着力点。在大学生创业教育中应通过思想政治教育帮助大学生树立创业意识，帮助大学生树立勇于创新、敢冒风险、大胆进取、不怕艰险的精神，大学生既要有必胜的信念，又要有锲而不舍的精神。思想政治教育也可以通过分析创业成功案例，组织学生参加创业实践来增强大学生对创业的兴趣，逐步增强大学生的创业意识。大学生群体作为社会上最具有活力和创造力的一个群体，具有较高的文化素质和技能水平，有较强的自主意识和巨大的创业潜力，最有可能成为创业型人才。因此，大学生应该发挥自身的这一优势，认识自己的潜能。思想政治教育工作者在日常的教育过程中，要引导大学生正确认识自己，挖掘自己的潜能。

首先，激发大学生的竞争意识，创业者面临着激烈的竞争，为了让大学生适应竞争、学会竞争，高校思想政治教育工作者要加强对大学生的心理指导，培养大学生的竞争意识，这对于他们创业成功以及勇敢面对未来职场竞争压力都具有积极的作用；要注意引导他们克服心理障碍，培养大学生自立、自强的信心，培养大学生承受挫折、战胜困难的顽强意志以及敢于迎接挑战的勇气。竞争意识是以主体意识为前提的，市场经济在本质上是一种竞争型经济，没有竞争就没有市场的活跃，也就没有市场的发展。因此高校要随时注意给大学生创设竞争的环境，形成竞争的氛围，从而使大学生逐渐树立竞争意识，让他们在竞争中去拼搏，在拼搏中开拓创新，把他们培养成为具有执着追求和正确人生观的高素质人才。有创业也就意味着有竞争，那种不敢参与竞争，前怕狼后怕虎的人不会成为创业者。

其次，帮助大学生树立责任意识。"天下兴亡，匹夫有责。"创业关系到个人的利益，成功的创业对于国家的富强和民族的复兴具有十分重要的意义。能力有多大，责任就有多大，纵观整个社会，那些辛勤创业并取得成功的企业家们，为我国经济建设做出了卓越的贡献。因此从大学生跨入校园的那一刻起，就应当教育他们要肩负报效祖国的责任。在现实社会中，企业因为不负责而倒下的案例不在少数，在大灾大难面前，有责任意识的企业家会"一方有难，八方支援"，因为他们明白企业与民族、国家是鱼与水的关系。因此对于要创业的大学生，思想政治教育要结合科学人生观、价值观的教育，引导大学生树立主人翁意识和责任意识。

（二）调整思想政治教育目标，培养大学生的创业能力

创业能力是以活动主体的智力活动为核心的具有较强综合性和创造性的心理机能，它以知识、经验和技能为基础，经过内化在创业实践活动中表现为复杂而协调的行为动作，是人的能力的最高表现形式，创业能力的培育和发展始终与创业实践和社会实践相结合，创业能力由创新思维能力、沟通交往能力和实践能力构成，增强创业能力需要从增强这些能力入手，思想政治理论课提供了培养增强这些能力的知识和方法。

1. 启发创新思维能力

哲学是以提高人的理论思维水平为直接目的的，通过思想政治理论课教学，以及马克思主义唯物辩证法的运用，使大学生在分析问题、解决问题的思

维能力上得到提高，进而使其掌握并自觉地运用创新思维的方法。思想政治理论课的其他课程也给大学生提供了大量运用辩证思维方法解决实际问题的典型范例，对大学生辩证思维能力的培养具有重要作用。

2. 提高社会沟通交往能力

在现代社会的竞争中，交往和沟通能力的培养越来越得到人们的重视，良好的社会交往和沟通能力往往能使事情达到事半功倍的效果。创业必须依靠团队协作，单兵作战是无法成功的，这就要求创业者必须具有社会交往能力，善于与自己的合作伙伴沟通和交流，互通有无，团结合作，为共同的目标而奋斗。为了培养大学生的社会交往和沟通能力，思想政治工作者应当鼓励大学生不断拓宽自己的交际范围，积极与人交流合作，可以组织学生社团和开展校园文化活动，为大学生的社会交往活动提供互动的平台。

3. 锻炼实践能力

实践能力是创业思维能力、社会交往沟通能力等其他创业能力在创业实践过程中的综合体现，这就要求思想政治教育一定要注重开展大学生的实践活动。可以开展创业计划和技能大赛，挖掘和提高大学生创业的实践能力；还可以依托学生社团或实践基地，主动为有创业需求和创业项目的大学生提供必要的场地支持和指导服务。这些方法对于提高大学生的创业实践能力，营造校园创业文化氛围，都具有十分积极的促进作用。

（三）提高大学生的创业品德

道德品质是一定社会、一定阶级的道德原则在个人思想和行为中的体现，是一个人在一系列道德行为中表现出来的自己和他人及社会、集体之间的利益关系时所形成的道德行为习惯，个体的道德价值选择就是对如何对待是非、善恶、美丑、荣辱、利害等方面的回答。道德品质的形成是在道德教育、道德建设、道德实践过程中，道德主体内在心理要素和外在激励要素的统一，是知与行的统一，是道德意识和道德实践的统一。思想品德教育是高校思想政治教育的重中之重，为了更好地促进创业教育的开展，思想政治教育应当着力于提高大学生的创业品德。

1. 培养大学生坚定的理想信念

大凡创业者都有强烈的事业心和成功创业的信心。理想信念教育是大学思想政治教育的核心内容，是社会主义核心价值体系的重要组成部分，而以往的思想政治教育在大学生信念方面的教育往往局限在共产主义信念的灌输上，对其他信念的培养几乎没有涉及。共产主义和社会主义是崇高的理想，但由于其意识形态比较浓，目标比较长远，在对大学生理想信念培养方面的实效性并不明显。思想政治教育应当在加强远大理想教育的同时，引导大学生树立个人的创业理想，从而为其今后创业提供内部动力，让大学生了解到创业理想是人生理想中最重要的部分，是实现其他理想的基础，社会理想的实现正是千百万劳动者在各自岗位上艰苦创业的结果。

2. 培养大学生良好的道德修养

人无德而不立，一个成功的创业者一定要有良好的道德修养，道德修养除了包括中华民族五千年来的"仁、义、礼、智、信"之外，还包括家庭道德、社会道德以及职业道德。思想政治教育应当将大学生道德修养培养渗透到创业教育中去，将创业道德规范内化为创业者自我约束的内在要求。

3. 培养大学生坚强的意志品质

一个人能力的大小同儿童期的智力高低关系不大；有才能、有成就的人并不都是教师和家长认为的十分聪明的人，而是那些锲而不舍、精益求精的人，这也表明意志品质是否坚强与一个人能否获得成功密切相关，意志品质是人在意志行动中表现出来的一种素质，在克服困难的活动中能表现出来。创业是一个艰苦奋斗的过程，在此过程中遇到这样、那样的挫折是在所难免的，因此要加强对大学生意志品质的培养，让大学生学习创业成功者艰苦奋斗的案例，让创业成功者在大学生中起到良好的示范作用。

（四）培育大学生的法治意识

依法治国是我们党治理国家的基本方略，想创业的大学生既要具备良好的思想道德素质，也应该具备相应的法律素质，树立"以遵纪守法为荣，以违法乱纪为耻"的观念，学习和掌握法律知识，增强法律意识，提高运用法律知识解决问题的能力。良好的法治意识对于大学生成功创业具有十分重要的意义。

创业者需要具备丰富的法律知识，在遵纪守法的同时，要善于用法律的手段来维护自身的合法权益。高校思想政治教育历来重视对大学生法治观念的培养，然而传统的法律通识教学缺乏针对性，在培养大学生法治意识方面收效甚微，在大力开展创业教育的今天，法律通识教育可与创业教育相互配合，在提高大学生法律意识的同时，也增强大学生的创业法治意识，具体可从以下两个方面入手。

首先，要树立社会主义法治观念，掌握与创业相关的法律知识。在创业教育中要加强法制教育，教育大学生树立社会主义民主与法制观念、权利和义务观念、法律面前人人平等观念，使其养成自觉遵纪守法、严格依法创业的习惯。同时教育大学生在创业中遵守国家法纪法规，自觉在法律规定的范围内合法经营，不做危害社会和他人的事情。另外在创业中了解自己的权利和义务，该自己享受的创业经营优惠应该去积极争取，当自己的合法权益受到侵犯时，要拿起法律武器捍卫自己的权利，要在合理衔接大学法律通识教育和创业法律教育的基础上，强化创业教育中的法律训练。法治意识不可能单靠法律知识的学习而获得，它需要在实践锻炼中获得。

其次，要加强社会主义法律实践，严格依法办事，培养社会主义法律思维方式。在创业实践中要讲法律、讲程序、讲法理，引导大学生学习法律知识，掌握法律方法，参与法律实践，维护社会主义法律权威，只有这样才能在创业路上走得更远。

（五）积极开展思想政治教育课外辅导工作

当前就业形势严峻，大学生找工作难。部分大学生由于担心人生前途等就业问题而出现心理障碍，如今，在校大学生基本都是独生子女，有的大学生缺乏吃苦耐劳的精神和对压力的承受能力。传统的思想政治教育比较重视课堂理论教育，对大学生的课外指导并没有真正地开展起来，在这种形势下，为了更好地依托思想政治教育开展创业教育，思想政治教育必须直面大学生本身的问题，必须要对大学生的课外辅导工作重视起来，想学生之所想，急学生之所急。因此，要定期对大学生进行创业心理辅导、开展创业精神教育以及职业生涯规划引导教育，使大学生明确人生方向，培养其正确的就业意识，增强大学生的创业能力。

1. 开展创业心理辅导

当前的社会现状是，全球经济不景气，大学毕业生就业压力大，择业、就业难等问题困扰着许多大学生。一些学生虽然有自主创业的想法，但对自己的创业能力持怀疑态度，不敢实践、尝试。大学生对自我创业能力的否定打消了其创业的积极性，而那些初步具备创业意识的大学生主要面临的心理问题包括创业前的心理准备、害怕创业失败的心理顾虑和创业初期的心理疏导问题，因此非常有必要对他们开展创业自理辅导，解决他们的心理问题，使其树立自信心、坚定创业行为。

高校思想政治教育的一项重要工作就是对大学生进行心理辅导。为更好地实施创业教育，学校可以在心理辅导教室专门设立一个针对学生创业的心理咨询点，并由专业的心理指导教师对有创业想法的大学生提供咨询服务，针对有创业想法的大学生的一系列心理问题开展创业心理辅导，利用思想政治的教育价值导向作用消除大学生创业初期的心理障碍，增强大学生承受挫折和心理调适的能力，同时引导大学生正确地认识和评价自己，缩小就业期望和社会需求之间的距离，保持积极进取的创业心态，为大学生顺利走上创业道路扫清心理障碍，为他们提供切实有效的帮助。

2. 开展创业精神教育

现在，大学生自主创业积极性不高的原因有很多，但是主要原因还是其缺乏自主创业精神。有的大学生怕承担创业带来的风险；有的大学生思想保守，只想有一份稳定的工作；还有的大学生怕吃苦，不想创业。因此，大学生创业教育中的思想政治教育还担负着培养大学生自主创业精神的任务。

在现今创业教育的开展过程中，我们发现了一个普遍存在的问题，一些大学生意志薄弱，对挫折的耐受力不足，所以高校在课外思想政治教育中可以适时地开展艰苦创业教育，培养大学生的坚强意志，增强大学生的心理承受能力。在开展课外社会实践活动的过程中，可以有目的地组织大学生去先进典型单位考察，充分发挥感性教育的作用，使学生设身处地地感受到改革开放以来我们国家在经济社会方面取得的巨大成就；让他们了解建设社会主义现代化事业，犹如修筑一座高楼大厦一样，需要我们每个人去出力流汗、添砖加瓦，脚踏实地去开拓，不下一番苦功夫，富强、民主、文明的社会主义现代化强国是不可能建成的；同时让他们对中国特色社会主义初级阶段这一概念有更深刻的理解，了解创业的艰苦，认识到任何艰苦的工作、艰苦的行业都是我们社会主义现代化事业不可缺少的，树立不畏艰苦的创业精神，

3. 开展职业生涯规划与创业生涯设计

职业生涯规划是创业教育一个非常重要的环节，在大学生创业教育体系中处于基础地位，同时，职业生涯设计也是当前高校思想政治教育的有机组成部分，其目的绝不仅是让学生按照自己的学历条件找到一份合适的工作，更重要的是让学生真正了解自己，根据主观及客观条件，为自己规划一条合理可行的职业生涯发展道路，拟定一生的发展大计。因此要进一步完善思想政治教育中的职业生涯规划教育，使大学生正确认识自己的能力，做好人生职业规划。

创业生涯设计可以使大学生充分认识到自己在创业中的优势和劣势，扬长避短，对于大学生坚定创业理想信念也有着重要作用。在开展职业生涯规划教育时，我们可以发现那些具有明显创业潜质的大学生，学校可以对其进行重点培养，以提高大学生的创业率。

总之，顺利开展创业教育，要将创业教育积极地融入思想政治教育的课外辅导教育中去，使大学生自觉地适应经济、社会发展的需要，增强自身的心理素质，树立正确的创业意识，树立艰苦创业的精神，制定合理的创业职业规划，实现思想政治教育和创业教育在目标上的完美结合与和谐统一。

第二节 高校思想政治教育与创新创业的有机结合

一、高校思想政治教育与创新创业教育互动融合的内容创新

（一）思想政治教育要着力激发大学生的创业意识

思想政治教育必须适应时代要求，激发大学生的创新创业意识、主体意识、责任意识和感恩意识。

第一，创新创业是自觉的实践活动，需要大学生认识到在创业活动中自己的主体地位和肩负的社会责任，独立地解决遇到的各种问题。这就要求大学生要逐步树立主体意识，去除"等、靠、要"等毛病。创业不是一帆风顺的，只有始终坚持理想目标，发挥主观能动性，积极整合资源、化解难题，才能取得成功。因此，思想政治教育工作者要树立以学生为中心的教学理念，不断激发学生在学习、生活中的主体意识，为培养创新型人才创造主观条件。

第二，创新创业教育是高等教育与社会发展相结合的一个重要纽带，大学生创业不仅与个人前途息息相关，而且与国家、民族的命运紧紧联系在一起。高校思想政治理论课教师要使学生树立关心社会、心系祖国、传承文化的理念，使学生学会如何与人沟通、如何获取社会资源、如何建立和谐的人际关系以及创业成功后如何回报社会，逐步培养学生对社会的责任感和使命感。

第三，培养"感恩意识"，让大学生学会感恩教师、感恩学校、感恩父母、感恩社会。要让学生学会尊重他人，对他人的帮助怀有感激回报之心，并通过言行予以表达。只有这样，大学生才能与他人发展友谊，建立和谐的人际关系，其创业道路才会更加平坦。

（二）思想政治教育要着力培育大学生的创新精神

第一，要培育大学生的艰苦奋斗精神。艰苦奋斗精神是中华民族的宝贵精神财富，是中华民族的传家宝。对大学生进行艰苦奋斗精神的教育，是思想政治教育的重要内容和工作目标。创业是一条艰难的道路，离不开吃苦耐劳的拼搏，离不开艰苦卓绝的努力，创业之初尤其如此。大学生只有具备了艰苦奋斗的精神，才能做到不抛弃、不放弃，突破困境，取得成功。

第二，要培育大学生的开拓创新精神，开拓就是走前人未走过的道路，创新就是对现实的超越，创业需要创业者有推陈出新的魄力和勇气，勇于开拓创新。思想政治课教育需要更新教育内容和手段，为大学生今后的创业提供源源不断的精神动力。

第三，要培育大学生的实事求是精神，创新精神本身就要求实事求是，创业者不仅要有理想目标，还需要有具体实施方案，脚踏实地地予以执行，并根据实际情况提出新的计划方案。为此，思想政治教育要着力引导学生掌握科学的世界观和方法论，使其把握马克思主义活的灵魂—实事求是，以实事求是的态度迎接今后的工作和生活。

第四，思想政治教育能培养大学生的创业品质。①思想政治教育能帮助大学生养成坚强的意志品质。创业需要创业者全力以赴，面对各种挑战和困难，克服一道道难关，这些都离不开坚定创业理想和信念的精神支撑。思想政治理论课要传授学生创业进程是前进性与曲折性统一的辩证观点，提高学生的抗挫折能力，使其以良好的心态开展创业活动。②思想政治教育能帮助大学生塑造良好的道德修养。创业要和不同对象打交道，需要处理好方方面面的关系，和谐的人际关系必不可少，而且必须依靠良好的道德修养来维持。思想政治教育既要对学生进行道德教育，为其提供道德评判标准，又要将创业道德规范赋予创业者自身，成为其自我约束、自我教育的内在要求。

二、将创业教育融入思想政治教育中

将创业教育引入思想政治教育是新时期思想政治教育的客观要求。随着时代的发展，我国提出了建设创新型国家的目标产生了大学生就业难等一系列国内外环境的变化，而传统的思想政治教育却缺乏对这些新现象的应对措施，缺乏对大学生创业意识、创业品质的培养。从某种意义上讲，创业教育的目标就是通过教育、培养和锻炼使受教育者获得创业所需要的知识、能力和综合素质。所以，应将创业教育融入思想政治教育中，具体可以从以下几个方面入手。

（一）树立创业意识，营造创业文化，进行创业世界观教育

高校要培养现代社会的创业人才，首先要在校园营造一个浓郁的创业文化氛围。在这种文化氛围中，学生应懂得自己并不是无后顾之忧的"天之骄子"，现实就业情况并不是想象中的那么乐观，仅有文凭是不够的。拥有大学文凭，仍面临失业的危机。这就要求我们建立全面的素质教育观念，改变高校中"专业教师只管知识传授、思想政治教育者只管思想的现象"，将创业教育与思想政治教育结合起来，使学生形成创业实践的欲望，树立创业意识，形成正确的创业观。

（二）培养学生独立自主的人格品质

一个人是否具有创业意识、创业行为和创业成就，很大程度上取决于他是否有独立自主的人格品质，很难想象，一个事事、处处依赖他人的人能面对创业中的巨大风险和压力，能够坚持下去、取得成功。创业教育的关键就在于使大学生不断了解新情况、研究新问题、探索新思路、创造新业绩，使其以独立自主的人格品质实现自身价值。

（三）培养创业的品质，塑造健康心理

创业品质即创业的情感、意志和精神调节系统，它包括以下几个方面的特殊品质。

第一，善于驾驭创业风险。创业之路不可能一帆风顺，会遇到各种风险和许多不确定因素，创业者必须具有"从哪里跌倒从哪里再爬起来"的态度和精神。

第二，勇于承担责任，有毅力。创业是一项开拓性很强的实践活动，需要创业者能够克服常人难以克服的困难和障碍，那种思想保守、畏首畏尾的人无法创业。

第三，充满激情，保持理性。激情是提升和凝聚人气的途径，它的基本要求是要有足够的信心。与此同时，创业总是充满着未知和变数，创业者还必须始终保持清醒和理性。

第四，创新课堂教学形式，充分发挥课堂教学的主渠道作用。

①要将创新精神的培养融入专业课教育中，任何一门学科或者课程的知识传授，都是一个从简单到复杂、从具体到抽象的渐进发展过程，这本身就是一种不断探索和创新的过程。因此，每门课程都是创新创业教育的载体和源泉，要主动开发专业课教育中创新创业教育资源，使学生形成创新精神和创造意识。

②以开展通识课程的形式开发一系列创新创业培养专题课程。除了在思想

政治课程、专业课教育中进行渗透式的创新精神培养外，还需要专门开设旨在提升创新精神、传授创新创业知识和技能的创新创业专业课程，以强化培养、突出实效。教育内容可包括创新创业精神（艰苦奋斗、开拓创新、实事求是等）、创新创业人格（职业操守、创业品质、双赢意识等）和创新创业方法（专利战略、创业计划等）。

第五，创新校园文化建设，充分发挥校园文化作用。

校园文化活动主要包括社团活动、讲座报告和文体活动等。要基于创新创业教育活动的创新特征和时代特色，着重挖掘校史校情、创业典型的教育内涵。

①要充分挖掘学校历史文化中的创新创业核心内容，每一所高校的发展史都是一部生动的艰苦创业史，可邀请学校老领导介绍学校的创业经历，有条件的高校还可创立校史陈列室，让学生认识到学校创业发展的艰难，从而更加珍惜学习生活。

②多邀请创业典型做报告，创业典型也曾是学校的学生，他们的奋斗创业史是鲜活的创业实例，他们最受学生信赖并最易学习模仿。通过他们的报告，可鼓励青年学生树立创业志向，弘扬创业精神。

③可组织学生到创业教育基地参观学习，实地了解创业环境、感受创业气氛；还可丰富校园创新创业活动的内涵，在不同时期开展校园创业主题活动，加大宣传力度。同时，还可通过挑战杯、创业论坛等较大规模的校园创新创业文化活动，从前期规划、组织实施、表彰总结等环节加强工作力度，打造创新创业品牌活动，营造创新创业的良好校园文化，并最终形成创新创业文化传统。

④加强校园现代信息技术平台建设，充分发挥网络平台作用。当前，网络已渗透到大学生的日常学习和生活中，校园BBS、微博、微信、各类校园网等成为影响大学生成长发展的重要因素。现代信息技术平台越来越成为新时期加强和改进大学生思想政治和创新创业教育的重要途径。《中共中央国务院关于进一步加强和改进大学生思想政治教育的意见》中明确提出，"要主动占领网络思想政治教育新阵地""通过加强建设和管理校园网，建设融思想性、知识性、趣味性、服务性于一体的主题教育网站，密切关注网络动态和加强与学生的网上交流等途径，不断拓展大学生思想政治教育的渠道和空间"。思想政治教育和创新创业教育也需要紧紧依托现代信息技术平台，通过各类校园网络平台，以学生易于接受、灵活互动的方式，广泛宣传创新创业精神，积极引导青年学生投身到创新创业活动中来。

第三节　打造适合大学生的实践平台

一、加大对大学生社会实践活动的宣传力度、管理力度和研究力度

我们在开展社会实践活动时，要努力扩大大学生社会实践活动宣传的深度和广度。在宣传方式上，要充分利用网络信息，建立梯度型网络平台，通过这个平台逐级宣传我们的活动，并加强各院系内部宣传力度，比如建立校级和各院系的大学生社会实践活动论坛，同时也可以利用校报、广播站、橱窗、分发传单、张贴海报等传统宣传方式，使我们的活动传遍校园的每个角落，最终形成立体化的宣传形式；在宣传内容上，要紧抓学生心理，在大学生社会实践活动取得成效的基础上，加大社会舆论的导向性宣传力度，树立起大学生良好的社会形象，使更多的学生从中受到教育；要建立健全大学生社会实践活动的组织机构和管理制度，建立大学生社会实践活动的长效机制，建立科学的组织、考核、奖励等制度，保证活动规范有序地开展；要在组织开展好活动的基础上加大对大学生社会实践活动的调查、研究力度，要研究新形势下社会实践活动的新内容、新载体，保证社会实践活动长盛不衰、推陈出新。

二、围绕社会热点、难点问题，加强社会实践活动的针对性

大学生社会实践活动要取得实效、要得到社会的认同、要产生较大的社会影响，就必须针对社会上的热点、难点问题开展工作。

三、围绕素质教育，拓宽创新能力

随着社会主义市场经济的逐步确立，大学生的危机意识、成才意识也越来越强烈，他们早已从过去"上山""下海"的争论中冷静下来，他们潜心学习，因此在高校也就出现了目前的学习热、考研热、考证热的现象。因此，实践技能等综合素质的提高也成为大学生的自我追求。如今科技活动开展得热火朝天，在全国举办的大学生创业"挑战杯"活动，引起了大学生的普遍关注。在各个高校举办的"科技创新节"等一系列的科技创新活动，极大地增强了学生的科技意识、技能意识。高校共青团组织在组织开展社会实践活动的同时，还应注重对大学生艺术、社交、个性、科技、特殊技能等方面的培养，以提高他们的综合素质和创新能力。只有这样，才能调动起大学生参加社会实践活动的积极性，也才能使社会实践活动持久深入地开展下去。

四、搭建社会实践平台，健全活动保障体系

要建立健全大学生社会实践活动的保障体系、服务体系等。如今，越来越多的大学生自觉投身于社会实践活动中，因此我们建立完善的保障体系和服务体系以保护大学生的正当权益，解除他们的后顾之忧。比如，自觉地为外出实践活动人员购买各种保险，保障其在参加各种社会实践活动时的人身安全。学校还可以通过政府、企业等渠道做好学生的沟通和解释工作，避免因社会不良风气而产生的劳务纠纷等，向学生提供法律援助，做他们的坚强后盾。

五、加强社会实践基地建设，提高社会实践活动稳定性

大学生社会实践基地建设是大学生社会实践活动深化的保证。事实证明，大学生社会实践活动得到了全社会的普遍认同，收到了明显的社会效益。但是，要完善大学生社会实践活动机制，就一定要加强基地建设，没有大学生社会实践基地就没有大学生社会实践活动的稳定性，没有大学生社会实践活动的稳定性就没有大学生社会实践活动的长期性。

六、实行学分化管理，提高活动积极性

将大学生社会实践活动纳入整个在校学习期间的学分考核体制中来，实行学分化管理。现在部分同学担心参加实践活动会占用自己的学习时间，影响自己的学习。一些学生干部也因为花费了大量的课余时间在学生服务上而导致学习成绩下降，从而不愿再担任学生干部。如不解决好这个问题，就会从根本上影响大学生社会实践活动的群众基础，使社会实践活动成为一种命令式的任务，而非学生出于自身锻炼需要的一种自我需求。在实行学分制的学校中，我们可以尝试让教务部门灵活地将大学生实践活动纳入学分考核体系中去，针对各种实践活动制订相应的学分，取得的这些学分一样可以作为专业学习所需要完成学分量的一部分，这样既消除了这些学生的顾虑，也增强了大学生社会实践活动的吸引力。

总之，大学生社会实践活动提高了大学生的综合素质，推动了社会主义两个文明的建设，得到了人民群众的广泛认同和大学生的积极支持。但是，新形势对大学生社会实践活动的形式和内容都提出了新的要求，共青团组织应该认真学习、深入调查研究，努力组织好大学生的社会实践活动，充分发挥社会实践活动在提高大学生素质方面的重要作用。

七、搭建社会实践教学平台，实现专业化与社会化的有机结合，实现校内外联动

学校要在转变观念的基础上进一步深化教育改革，要充分认识到课程改革与设置是培养创新能力的关键，加强和搭建社会实践教学平台是培养创新能力的基础，没有到社会上和企业里的社会实践教学活动就谈不上学以致用，也就谈不上创新，谈不上为社会服务。专业化的教学实践活动是培养和创造创新人才的最直接有效的途径，是直接激发大学生解决生产实际问题、产生创新欲望的爆发点。专业化教学模式的社会实践活动是培养大学生创新思维和创新能力的落脚点。

（一）要积极搭建各门专业课的社会实践教学平台

一方面，把专业课的理论和实践教学以及团委的科技竞赛、科技创新活动紧密联系起来，把课堂延伸到社会中去、延伸到企业中去、延伸到生产车间中去、延伸到企业产品销售的整个过程中去。另一方面，让学生既了解书本知识，了解理论，也了解实践的全过程，做到理论贴近实际，学习和生产劳动相结合。

（二）建立更多稳定的专业实习基地

学校要积极与社会企业建立合作关系，重点投入，建立更多的与专业相关的教学实践基地，增加社会实践教学时间，构建"大平台＋专业特色＋实践训练＋准就业模块化"的教学课程体系，培养学生持续发展的创新能力。同时要建立多元化的实践教学体系，培养学生的实践应用能力。

（三）优化整合教学资源和师资力量

要求专业课教师在工厂、企业实习半年到一年才有资格走上讲台，让教师首先成为"工程师"，有企业生产的经历和知识，这样才能更好地提高授课效果。目前也有一些高校开始实施讲师工程师化。另外，让企业生产技术员走上大学讲坛，也是扩大和优化教学资源的一个最有效的方式。创立校内外、课堂内外融会贯通的"多维课堂联动"的新型教学模式，把学术讲坛、学生工作室、第二课堂、科技竞赛联为一体，实现学校课堂与社会课堂互动，课内教学与课外训练互补，理论学习和实践活动相结合，以"双向教学""双向交流"等为手段，构成多维教学空间，使创新人才在开放性教学实践中脱颖而出。

八、学生社会实践网络平台开发与应用

（一）随着网络时代的到来，人们的交流方式已经逐渐从单纯的人—人的传统交流方式向人—网络—人的新型交流方式转变

在学校和学院各项社会实践成就取得的同时，更要提供一个让学生将自己的成果进行展示的平台，让他们将自己的经验与大家分享，听取更多教师、同学的意见，助人助己，在自己不断进步的同时和大家共同进步，因此构建一个以网络等新型交流技术为基础的经验交流平台，在促进学生社会实践交流、动员学生投身社会实践活动方面有重大意义。

（二）学生社会实践网络平台建设的意义

1. 便于师生之间和学生之间互相学习交流

平台实行分级管理，网络平台的登录模式主要分为系统管理员、校管理员、院管理员、指导教师、学生、辅导员等几个层级，根据设计，教师和同学都可以申请平台账号并可自由进入平台，平台的基本功能包括学生账号激活、学生立项申报、修改立项信息、查看项目审批进度、指导教师确认、院级审批、校管理员账号激活、校级审批等。指导教师可以查看自己指导的社会实践项目的进度信息、项目详细信息，并可针对社会实践中存在的问题与学生进行在线交流。学生之间也可以互相就自己在社会实践中遇到的问题进行讨论，避免大学生社会实践活动无人指导情况的出现。此外，网络平台实行注册会员真实信息披露制度，有利于增进学生与教师之间的交流。

2. 可以起到监督项目指导教师和社会实践负责人行为的作用

高校大学生社会实践网络平台对社会实践的各个环节都可以起到监督管理的作用。在项目进行阶段，指导教师可查看自己全校学生项目的进度信息、项目详细信息等。在项目结题阶段，指导教师和院级、校级的管理员可在大学生社会实践网络平台中进行审批、抽查，实现对大学生实践活动的在线监督管理。

3. 具有评优表彰的功能，可以更好地树立典型

大学生社会实践网络平台的建立，实现了学校对学生社会实践活动的信息化管理，学生的社会实践工作，如申报书的填写、修改，项目日志进度的填写，以及后期结题申报书的提交，都可以快捷地在网络平台上进行操作，这就为校院级对大学生的社会实践活动的审批评优、评委的点评打分乃至辅导员对本班

学生的成绩初评的信息化奠定了基础。学院、教师通过网络平台对大学生的社会实践工作进行评定，学生也能在平台上看到优秀的团队和个人，他们起到了示范的作用。

4. 提高工作效率，节约成本

网络平台的建立，实现了管理者、学生和教师之间电子数据的交流与沟通，避免了材料的打印和重复材料的提交，大大提高了办事效率，降低了教学成本。

第九章　思想政治教育与创新创业教育的融合路径

第一节　思想政治教育与创新创业教育的双向建构解析

一、思想政治教育与创新创业教育双向建构的基础

（一）目标的一致性

随着时代和社会的不断发展，思想政治教育的目标要求我们既要认真对待我们在实践中积累起来的宝贵经验，坚持已经被实践证明了的行之有效的重要原则，又要与时俱进。2017 年 2 月，中共中央、国务院印发了《关于加强和改进新形势下高校思想政治工作的意见》，从历史、现实和时代发展的高度，提出要把"培养又红又专、德才兼备、全面发展的中国特色社会主义合格建设者和可靠接班人"作为新时期加强和改进大学生思想政治教育的根本目标。

创新创业教育要从大学生的发展需要出发，培养大学生创新创业意识，铸造大学生创新创业人格；要引导大学生确立创新创业发展目标，促进大学生的全面自由发展。

思想政治教育要引导大学生树立正确的价值观念，帮助大学生形成科学的思维方法、完善道德素质和人格品质，符合社会的发展要求，与创新创业教育在提升大学生的综合素质与核心能力构建上互为补充。思想政治教育为创新创业教育提供价值引领，创新创业教育为思想政治教育拓宽领域，两者共同的目标指向都是促进大学生的全面自由发展。

（二）内容的相通性

思想政治教育的内容是随着时代变化而不断丰富和发展的。当前主要包括以辩证唯物主义、历史唯物主义和马克思主义认识论为内容的世界观教育；以基本国情、党的基本路线纲领、民族精神和时代精神为内容的政治观教育；以理想信念、人生价值观、生命价值观为内容的人生观教育；以社会主义民主、社会主义法制和遵守纪律为内容的法治观教育；以集体主义、社会公德、职业道德为内容的道德观教育。

创新创业教育内容是由创新创业教育目标决定的。一是创新创业意识培养。这是创新创业教育最为重要和基本的内容。二是创新创业知识和能力的提升。三是引导大学生将培养的创新创业意识，习得的创新创业知识和能力付诸实践，将对创新创业的感性认识上升到理性层次。

从内容上讲，思想政治教育的内容是根据教育的目的和任务以及教育对象精神世界的发展需要确定和实施的，具有政治性和先进性，并随着时代的变化而变化，注重针对性和可接受性。创新创业教育顺应时代发展要求，是一种新的教育模式，同样需要强调马克思主义理论的指导、共同理想的激励、精神动力的凝聚、道德教育的渗透。随着思想政治教育和创新创业教育的进一步发展，二者内容的相通性会更加突出。

（三）方法的相容性

在新的时代背景下，思想政治教育的方法在不断创新发展。它包括获取思想政治教育信息的认识方法、分析方法；疏导教育法、比较教育法等思想政治教育的一般方法；活动载体、网络载体等思想政治教育的隐性教育方法；心理疏导、思想转化等思想政治教育的特殊方法；还包括思想政治教育的综合方法、调节评估方法；等等。在多元变化的时代背景下，思想政治教育方法与社会发展、环境变化和人的发展以及思想政治教育实践之间存在着一定的张力，需要在实践中进一步解放思想、实事求是，坚持继承和借鉴的原则，以使思想政治教育方法在创新中不断发展。

创新创业教育既包括理论知识层面的灌输，也包括实践层面的内容。在方法上主要有理论教育法、实践锻炼法、日常熏陶法。创新创业教育引导大学生在不断参与教育实践中构建创新创业的发展观念、形成创新创业的思想、形成创新创业的道德品质。在充分实践的基础上，大学生应结合理论知识将实践感受上升为理性认知，不断评估和调整创新创业目标，进一步在实践中开发创新创业能力，提高创新创业素质。

思想政治教育和创新创业教育在方法上都从人的实际出发，关注人的生存和发展；除了理论灌输外，两者都在不断探索具有时代特征的教育方式和载体，以增强教育的针对性和实效性，二者都注重理论教育、养成教育、实践教育的有机结合。因此，在增强实效性上发挥着相互促进的作用。

（四）功能的相合性

思想政治教育的功能可以分为个体功能和社会功能两个方面。就个体功能而言，思想政治教育在人的意义世界的构建中承担着重要职责，其将受教者的思想和行为引导到符合社会发展的方向上来，以提高受教者的思想道德素质、规范受教者的社会行为、塑造受教者的个体人格为目标；思想政治教育的社会功能体现在通过培养具有良好思想政治素质的受教者来推动社会政治发展，同时通过调动受教者的积极性，促使其主动参与经济活动以促进经济又好又快发展。

创新创业教育是确保国家经济增长、科技进步、改善就业、维护社会和谐稳定的重要举措，其主要作用在于满足个体发展需求，顺序社会发展形势，促进个体和社会的全面发展。

大学生思想政治教育和创新创业教育相互促进。思想政治教育保证创新创业教育的正确方向、恰当目标、合理价值、合适动力；创新创业教育在新的时代背景和社会需求下，体现思想政治教育的科学性和时代性，保证思想政治教育的大众性和实效性，共同推进各自功能的良好发挥。

二、思想政治教育与创新创业教育双向建构的原则

（一）学生成长成才与社会发展需要的统一

从思想政治教育和创新创业教育的目标达成来看，它们都促进了个人的全面发展，推动了社会的发展。在当前高速发展的时代，增强国家国际竞争力和综合国力的决定性因素是知识，推动经济和社会持续发展的战略性资源是人才，思想政治教育和创新创业教育的双向推进，是高校承载人才培养任务的重要途径。大学生接受教育，掌握知识与技能，在实现自身价值的同时，成为国家建设的主力军。创新创业教育将大学生的创造潜力予以开发和完善，重视学生主体性和创新性的培养，不断提高学生综合素质，从而促进其全面发展，这是高等教育培养创新创业人才的重要使命。在探索大学生个性化发展规律和特点的

过程中，创新创业教育与思想政治教育双向结合，有利于大学生形成正确的世界观、人生观和价值观，有助于提升大学生为国为民的社会责任感，进而在实现自身价值的同时推动社会的发展。

（二）遵循教育规律与彰显主流价值观的统一

教育规律反映了社会发展与教育的辩证关系，反映了人的发展与教育的辩证关系。高校"育人"不仅是对大学生进行知识传授、素质培养，还包括价值观和创造力的培育。主流价值观的培育，可以引导大学生实现从功利物欲到精神境界的升华，推动人从内部精神生活角度来适应和认同客观外部世界；引导大学生朝着符合社会要求的方向发展，使大学生自觉遵守法律和道德规范，在允许的范围内从事创造性活动；最大限度地调动大学生的积极性，使大学生形成崇高的精神境界和健康的心理品质，进而成为合格的社会成员；引导大学生认识自己改造物质世界和创造社会历史的主体地位，认识自己的历史使命和社会责任，从而使大学生保持对生活的积极参与和主动创造的精神。主流价值观的培育是大学生自我发展和自我完善的一种特殊精神力量，在个体人格塑造中发挥着重要的作用。

（三）解决思想问题与解决实际问题的统一

实现思想政治教育与创新创业教育的双向建构，需要在教育实践中厘清基本要求，准确把握两者结合的程度和最佳结合点。两者的根本目的都是培养德智体美劳全面发展的社会主义合格建设者和可靠接班人，无论是解决学生思想问题还是实际问题，都围绕这个核心任务进行。当代大学生成长于信息复杂多变、经济快速发展的时代环境下，在接受思想教育上表现出较强的不稳定性，部分大学生更加关注和追求个人的成长，更多依据个人利益的得失来进行行为选择。因此，研究大学生的实际问题就要从与其自身成长和利益需求密切相关的现实入手。创新创业教育与当前大学生成长实际和社会发展要求紧密联系，是推动大学生解决当前比较突出的就业问题和经济问题、提升自身综合能力素质的重要教育途径，是当前大学生真正关心关注的焦点、难点。它既关注当下大学生的实际现实利益，又关注个人成长成才的发展需求，与全体学生的整体利益息息相关。

三、思想政治教育与创新创业教育双向建构的动力条件

（一）高校创新创业教育与思想政治教育双向建构的内在驱动因素

1. 受教者的个体因素

个体的内在动因是推动创新创业教育与思想政治教育双向建构的内化性动力。在以学生为中心的核心思想的指导下，思想政治教育和创新创业教育更加关注引导学生制定合理的学习目标和发展目标，使学生更为主动、更有兴趣地为达成教育目标而努力。在传统的思想政治教育和创新创业教育中，通常是教师主导学习过程；而在双向建构的教学过程中，受教者是学习过程的主导者，在个体因素的调动下，他们不是消极地接受信息，而是自己主导学习过程，并积极参与新意义的构建。

2. 教育者的个体因素

承担创新创业教育与思想政治教育的双向建构任务的教师与以往教师最大的不同，就在于其不仅要交给学生思想政治教育和创新创业的必备知识，更重要的是通过教育过程中的互动，引导学生树立创新精神、明确创业价值，激发学生的创新思维，调动学生的创新、创业潜能，使学生参与到符合社会主流价值观的创新创业行动中去。因此，作为教育者的个体，是影响双向建构的关键动力因素之一。在双向建构的思想下，教师既要考虑教什么，更要考虑让学生怎么做。教育者的角色不是消极地展示所要传达的信息、改正学生的错误并展示其教学技能，而是必须在了解学生认知情感系统、了解学生的学习成长经历、引导学生的思想和价值观的前提下，使学生对事件和现象进行新的思考，并引导学生进行实践，使其获得成长和发展。

3. 高校内部因素

从高校内部因素而言，理念的转变是先导。学校各级层面要达成将双向建构的思想贯穿教育教学全过程的共识。在双向建构中，教育的目标是在主流价值观的引导下，让学生置于非结构化的学习过程之中，在不确定的环境中设定自己的未来发展目标，并在这个过程中学会自我管理。学习情境是双向建构的动力要素之一，传统的课堂教学与实践相脱离，因此课堂教学的学习环境和真实环境相去甚远，而双向建构的推进，使学习和实践不再相脱离，学校应创设一种学生乐于接受、知晓寻求知识并积极参与实践的课程体系。这样的学习情境需要课程设置、基地建设、资源配置、制度保障等动力因素的推进。

（二）高校创新创业教育与思想政治教育双向建构的外部促进因素

1. 社会发展对高等教育的诉求

对于我国而言，要实现真正意义上的跨越式发展，首要的问题就是教育观念的更新和教育思想的转变。现代市场经济的发展和知识经济时代的到来，为高等教育更新教育观念、转变教育思想提供了充分的现实依据和动力条件，其要求高校一方面把立德树人作为教育的根本任务，另一方面又要不断培养具备较强综合实力的创新创业人才。推进思想政治教育和创新创业教育的双向建构，要创设有利于大学生形成正确的世界观、人生观和价值观及提升社会责任感，增强学习主动性和积极性的创新创业教育软环境，要提高大学生的学习力和创造力，要提升高校人才培养质量，要强化本科教学中学生创新创业意识和综合素质的培养，要回应社会发展诉求，以发挥高校人才培养、科学研究和社会服务以及文化传承、对外交流的社会职能。

2. 推动构建实施的社会条件

教育所处的社会条件是推动教育实施、达成教育效果的重要外部因素。一是国家和社会对思想政治教育和创新创业教育的期待和认可；二是国家对思想政治教育和创新创业教育推进出台的一系列扶持政策，为思想政治教育和创新创业教育营造了良好的社会环境氛围，切实可行地为教育体系实施提供了必要的保障。思想政治教育和创新创业教育的双向建构是顺应国家发展要求、尊重个人成长发展需要的教育实施体系，其教育效果和发展方向深受国家社会政策导向和社会整体氛围的影响。政府相关政策、社会舆论导向、和谐稳定的社会文化环境，都是推动两者双向建构的重要外部促进因素，并在很大程度上影响着教育体系的实施进程和效果。

第二节　高校思想政治教育与创新创业教育融合存在问题及对策

一、高校思想政治教育与创新创业教育融合存在的问题

（一）高校思想政治教育和创新创业教育的目标理念不同

在社会发展和青年学生成长成才的背景要求下，高校思想政治教育以大学生为培养对象，以马克思主义、毛泽东思想、中国特色社会主义理论体系为指导思想，使青年学生在政治、思想、心理、审美、法纪等方面达到既定要求。其目标为促进大学生思想政治素质和觉悟的提高，积极引导大学生树立共产主义的远大理想和坚定信念，使其具备较高的马克思主义素质；使大学生树立热爱社会主义祖国的意识，坚定社会主义政治方向，拥护党的路线方针政策；使大学生具有实事求是、艰苦奋斗、勇于进取的精神；使大学生自觉遵纪守法，具有良好的道德品质和健康的心理素养；实现大学生科学文化素质和身心健康素质的全面协调发展。

创新创业教育是一种全新的教育理念，融合了创新教育、创业教育、素质教育及职业教育等。现阶段，创新创业教育的目标是，在培养学生创新创业精神、创新创业能力和创新创业素质这一宗旨下，培养具有高尚品德、坚强意志、出众能力、创新意识、创新思维、创新性人格的创新创业型人才。可见，思想政治教育和创新创业教育在理念和培养目标上虽然有重合部分，但交叉较少。思想政治教育更加强调内在思想和觉悟的培养，创新创业教育主要侧重创新创业意识、创新创业能力的培养。

（二）高校思想政治教育和创新创业教育的主体及其职责分散

高校思想政治教育工作的主体由思想政治理论课和哲学社会科学理论课任课教师、党政干部和共青团干部、思想政治辅导员和班级导师三支队伍共同组成，分别从思想政治理论和实践、课堂和生活等多个层面进行全面的思想政治教育。三支队伍相互补充、相互配合、相互影响，共同推进思想政治教育的发展，共同完成对大学生思想、政治、精神、心理等方面的引导。

创新创业教育主体主要由创新创业学院承担，包括创业理论指导和实践性指导。校团委主要通过组织"挑战杯"等创新创业比赛，进行竞赛方面的综合指导。作为学生事务的主要管理者，辅导员兼顾多重身份，其通过日常接触及

专项工作在学生创业、就业工作中提供信息及经验指导。

高校思想政治教育和创新创业教育分别由思想政治教育学院、创新创业学院、校团委、辅导员四类主体承担。在四类主体中，校团委、辅导员兼顾两类教育，而作为高校思想政治教育和创新创业教育的专业主体，思想政治教育学院和创新创业教育学院在学生这两方面教育中几乎不存在交叉。

（三）高校思想政治教育和创新创业教育在内容上结合度较低

作为一个"灵魂工程"的学科，思想政治教育包含了较为广泛的内容。它不仅包括认知、情感、意志、信念等思想意识层面的内容，也包括爱国主义、集体主义、社会主义、民族团结等政治教育的内容。在思想政治教育中，继承、弘扬中华民族的优秀历史文化传统，吸收人类文明发展的一切优秀成果等内容相互联系、相互贯通。思想政治教育通过对学生世界观、人生观、价值观的引导及教育，促使学生关注社会现实并进行理性思考，使学生积极探索人生价值和生命的真正意义。

创新创业教育在本质上是一种实用教育，其内容更加侧重于应用和实践。它以培养具有创业基本素质和开创性人才为目标。具体而言，创新创业教育主要包括创新创业意识、创新创业精神、创新创业能力、创新创业知识、创新创业实践等几个方面的内容。

可见，思想政治教育和创新创业教育有各自的内容和侧重点。在思想政治教育中并无创新创业教育相关内容，在创新创业教育中也没有加入思想政治教育的理念，二者的结合程度较低。

二、高校思想政治教育与创新创业教育融合的思路和对策

（一）实现教育理念的相互融合

随着我国对人才需求的改变和提高，以及教育改革的逐渐深入，高校需要不断更新教育理念。创新创业教育和思想政治教育作为新形势下人才培养的重要途径，需要在理念上进行融合，树立二者相互促进的教育理念。

实现思想政治教育与创新创业教育理念的有效融合，具体而言要从两个方面进行。

第一，创新创业教育要坚持以正确的导向来促进思想政治教育价值的实现。创新创业教育侧重实践，可以作为思想政治教育的载体，而思想政治教育则起着导向作用，二者相互结合、相互影响、共同作用。在我国，就高等教育而言，

其将"立德树人、德育为先"作为基本原则，这与创新创业教育的"德育为本、创业为用"的教育理念有着共同的地方，即从实现人的全面发展这一角度出发，并将其作为一切教育活动成败的最终标准。因此，在思想政治教育和创新创业教育的理念融合中，要将促进人的全面发展这一理念贯穿始终。

第二，加强思想政治教育的引领和保障作用，促进创新创业教育的实现和提升。自李克强总理提出"大众创业、万众创新"之后，全国高校大力开展创新创业教育和实践活动。但是，仔细研究就会发现，大多数高校仅仅是将其视为一种响应政策的"运动"，而疏忽了理论研究。基于此，高校必须透过表象深入实质，从人才培养的国家战略的角度来审视创新创业教育的地位和作用，以培养符合社会发展的、综合素质较高的创新型人才。

（二）实现教育内容的相互融合

思想政治教育的内容本身比较广泛，容纳性很强，但是由于思想政治教育的理论性较强，因此容易空而泛，进而引起学生的排斥。近些年，思想政治教育也加入了"两课类社会实践"等的形式。创新创业教育侧重实践，能够大大增强思想政治教育的效果，提高其吸引力。

创新创业教育更侧重于学生创新创业意识、创新创业技能、创新创业知识等的培养，因此其容易忽略学生的高度社会责任感、艰苦奋斗的精神、坚忍不拔的毅力、面对阻力和困难的决胜心等思想层面的教育。在创新创业实践教学中加强思想政治教育，能够丰富创新创业教育的内容和为创新创业提供有力保障，进而提升创新创业教育的有效价值。

（三）实现实践活动的相互融合

实现思想政治教育及创新创业教育中理论与实践的融合，可从思想政治和创新创业教育理论课、校内实训和校外实践三个方面入手，形成多种形式的育人模式。这种组合下的教育模式，能够最大限度地方便学校理顺理论教学和课外实践的关系，明确各个教育主体的职责，从而进行有效的规划和管理，使学生更顺畅地将所学知识与实际相结合并进行检验。两大理论课程的教学工作及校内实训的指导工作由理论课专业教师和在一线工作的专职学生辅导员担任，便于将日常工作的育人理念、管理要求等渗透到教学中。校外实践的指导教师由校内承担两大理论课和实训部分的教师，以及校外知名企业家、成功创业者、政府的人力资源管理者和社会投资家等担任。

通过与校外企业的结合，可让学生切实体验企业的运作和科研创造过程。

思想政治教育和创新创业教育理论课、校内实训、校外实践三个环节的有机结合，可使学生的两大理论课与校内外实践紧密结合，从而进一步促进其创新创业价值观、创新创业意识、创新创业能力与思想政治觉悟、社会责任感、自我认知、心理承受能力的融合，培育出符合社会发展需要的创新型人才。

（四）实现组织管理的相互融合

高校组织管理可以为大学生创新创业素质培养提供有力的机制保障。高校要根据新的发展形势，调整、完善学校创新创业管理制度和组织机构。要认识到新的人才培养模式下促进思想政治教育与创新创业教育融合的重要性和必要性，成立由学校主要领导直接负责的创新创业工作领导小组，建立创新创业指导中心，统筹开展学校创新创业教育工作；要明确校团委、教务处、思想政治教育学院、班导师和辅导员等各自的职责，协调推进各方面的工作，使其各司其职、相互配合，全方位提高大学生的综合素质。大学生创新创业中心要及时宣传、解读国家创新创业相关政策，及时解决大学生在创新创业过程中遇到的问题，发挥其在创新创业教育中的突出作用；建立奖励机制，积极鼓励创新创业，对表现突出的学生和优秀的指导教师进行资助和物质奖励，以充分调动教师和学生创新创业的积极性。

第三节　高校创新创业教育融入思想政治教育"五位一体"新平台

一、积极发挥课堂教学的主渠道作用

课堂教学是创新创业融入高校思想政治教育的主渠道，应该将创新创业教育的内容贯穿到思想政治教育的课堂教学中。其一，依托思想政治教育公共课程体系，合理运用马克思主义立场、观点分析创新创业教育的问题，解决学生思想上的困惑，进而提高创新创业的成效；其二，建立职业生涯规划课程体系、形势政策课程体系、创业就业课程体系，培养学生创新意识、创业技能；其三，将创新创业思想贯穿于思想政治教育教师队伍建设中，教师思想的进步和知识的增长是保障学生进步的基础，所以，应大力提升教师的自身素质，建立和完善教师创新创业教育成绩的培训和考核制度。

二、率先占领思想政治教育的网络主阵地

当今社会已经进入了信息爆炸的信息化时代，互联网已经成为高校思想政治教育的新的重要阵地。这就要求我们要积极占领思想政治教育的网络新阵地。其一，开辟创新创业教育网络宣传专栏，广泛而深入地进行创新创业政策的宣传，让学生树立创新创业的信心；其二，灵活运用多种新媒体载体，丰富网络教育形式，定期或不定期地针对焦点问题开展讨论。

三、将创新创业教育融入校园文化建设中

马克思说："人创造环境，同样，环境也创造人。"我们应建设一个布局合理、环境优美、健康和谐的校园文化硬环境，在此基础上进行人文环境布置，这是校园文化建设的重要一步。一方面可以通过举办创新创业讲座、沙龙、青年领袖论坛等营造比、帮、赶、超和敢为人先的创新创业氛围；另一方面可以通过在生活、教学等区域建立创新创业类的碑刻、雕塑、长廊等培养学生的创新创业精神。

四、搭建创新创业教育实践平台

搭建创新创业实践教育平台就是要把创新创业主题社会实践活动纳入教学计划当中，把创新创业教育与社会实践活动结合起来。其一，高校学生应该充分认识到创新创业实践活动的重要意义，认识到当代大学生不仅是创新创业实践活动的推动者，更是最终受益者。其二，校团委应该建立完善的创新创业社会实践活动保障体系和评价体制，保障社会实践活动的顺利开展。其三，充实创新创业社会实践活动内容，充分发挥学生的主观能动性，重视创业团队的培养。创业团队建设可以跨学科、跨年级，甚至跨学院、跨学校进行，充分挖掘各方面的潜能，形成团队优势。

五、挖掘创新创业先进典型，发挥榜样的力量

榜样力量是进行教育最真实、最可靠的力量。高校要挖掘创新创业典型，并对典型人物及其事迹进行广泛、深入的宣传。其一，让典型人物现身说法，给在校学生搭建与典型人物面对面交流的平台，促使学生学习他们的优秀品质和先进经验；其二，对典型人物的事迹进行深入挖掘和宣传，增强其对大学生的宣传力和感染力。

参考文献

[1] 滕飞. 思行致新：高校思政育人工作的探索与实践 [M]. 北京：中国经济出版社，2018.

[2] 文君，陶好飞. 新时代高校学生工作的质量提升与机制创新 [M]. 北京：对外经济贸易大学出版社，2018.

[3] 王成端，刁永锋. 实践教学行与思：第五辑 [M]. 成都：四川大学出版社，2018.

[4] 代祖良. 创新校园文化的途径与方法 [M]. 北京：光明日报出版社. 2018.

[5] 中国高等教育学会. 2017高等教育改革发展专题观察报告 [M]. 北京：北京理工大学出版社. 2018.

[6] 王军政. 新时代研究生教育改革发展与实践探索 [M]. 北京：北京理工大学出版社，2018.

[7] 胡赤弟. 产教融合：制度·路径·模式：2017宁波高等教育研究论坛论文集 [M]. 杭州：浙江工商大学出版社. 2018.

[8] 林金辉. 中外合作办学与高等教育改革 [M]. 厦门：厦门大学出版社，2018.

[9] 王建南. 立德树人的福建探索：2017年福建省高校辅导员工作精品项目 [M]. 福州：福建人民出版社，2018.

[10] 许建萍. 小葵模式：用新媒体激活思想政治教育工作的探索 [M]. 北京：光明日报出版社，2018.

[11] 陈杰浩，史继筠，吴桐，等. 育才之本 学工为基 [M]. 北京：北京理工大学出版社，2018.

[12] 林如鹏. 暨南大学年鉴2017[M]. 广州：暨南大学出版社，2018.

[13] 北京理工大学年鉴编纂委员会. 北京理工大学年鉴：2016 卷 [M]. 北京：北京理工大学出版社，2018.

[14] 同济大学建筑城规学院建筑系. 2017—2019 同济建筑教育年鉴 [M]. 上海：同济大学出版社，2019.

[15] 复旦大学年鉴编纂委员会. 复旦大学年鉴：2016 [M]. 上海：复旦大学出版社，2018.

[16] 徐光春. 马克思主义大辞典 [M]. 武汉：崇文书局，2018.

[17] 李浩泉. 以学生为主体的立德树人实践 [M]. 北京：光明日报出版社，2018.

[18] 王金海. 文以载道 文化江财 [M]. 北京：光明日报出版社，2018.

[19] 樊伟. 毓秀微风构筑师生精神家园 [M]. 北京：光明日报出版社，2018.

[20] 彭司勋. 2016 中国药学年鉴：第 32 卷 [M]. 北京：中国医药科技出版社，2018.

[21] 马云霞. "互联网＋"时代高校思想政治教育研究 [M]. 北京：人民日报出版社，2017.

[22] 王芳，宋来新. 高校思想政治教育基地育人模式研究 [M]. 北京：化学工业出版社，2018.

[23] 赵文报，黄培，翟勤，等. 新时代高校思想政治工作研究 [M]. 北京：中国财政经济出版社，2018.

[24] 冯正玉. 高校学生工作研究 [M]. 北京：社会科学文献出版社，2018.

[25] 叶燊. 立德树人：大学生思想政治工作创新纪实 [M]. 北京：光明日报出版社，2019.

[26] 卢婵江. 大学生创新创业项目培育教程 [M]. 武汉：华中科技大学出版社，2019.